学校课程深度变革丛书　杨四耕 主编

苏莉萍◎主编

小脚丫课程：

生命眷恋与文化情愫

华东师范大学出版社

编委会

主编

苏莉萍

成员（按姓氏笔划）

归丽燕　严冬梅　张　洁

金小芳　顾豪利　章丽艳

丛书总序

迈向 3.0 的学校课程变革

学校课程变革有三个层次：一是 1.0 层次。这个层次的课程变革，以课程门类的增减为标志，学校会开发一门一门的校本课程，并不断增减，这是"点状"水平的课程变革。二是 2.0 层次。处在这个层次，学校会围绕某一特定的办学特色或项目特色，开发相应的特色课程群。在一定意义上，这个层次的课程变革是围绕办学特色的"线性"课程设计与开发水平。三是 3.0 层次。此层次，学校课程发展呈"巢状"，以多维联动、有逻辑的课程体系为标志，将课程、教学、评价、管理以及师生发展融为一体，这是文化建构与创生层次的课程变革。

当前，碎片化、大杂烩的学校课程变革普遍存在。具体表现如下：

一是不贴地。没有学校课程情境的分析，空降式课程开发，不基于学校实际，没有在地文化意识，不关注孩子们的学习需求，为了课程而课程。

二是无目标。不少学校的改革是为了课程而课程，课程建设不是基于育人目标的实现，脑中没有育人意识，眼中没有育人目标，育人目标与课程目标不能很好地实现对接。

三是无逻辑。没有学校课程的顶层设计或整体规划，学校课程建设只是一门、一门的校本课程的累加，处于"事件"状态，没有形成"整体"气候，没有"体系"意识。没有基于学校的办学理念提出自己的课程理念，办学理念与课程理念一致性比较弱，更别谈基于理念的课程设计、实施与评价的"连结"或"贯通"了。

四是大杂烩。学校虽然开发了很多课程，但对课程没有进行合理的分类，课程之间的关联性与结构性比较弱；杂乱无序的"课程碎片"以及随意拼凑的"课程拼盘"，很难以发挥课程的整体育人效果。

五是不活跃。课程实施方式单一,以课堂教学为主渠道,以学科学习为主范域,以知识拓展为主追求,辅之以兴趣小组、社团活动,对户外学习、服务学习、综合学习、动手操作等方式用得很少。

六是无评价。没有课程认证与评估,课程开发随意性比较大;课程设计没有具体评价考虑,课程实施效果没有评价支撑,其结果不得而知。

七是弱管理。基于现实因素,中小学对教学管理是抓得很紧的,但因课程开发对学校来说只不过是"锦上添花"的东西,所以大多数学校的课程管理都比较弱,基本不受重视。从现实情况看,中小学教师普遍没有课程意识,课程开发能力比较弱,更不懂得如何管理课程,课程资源意识也比较淡。

八是低关联。学校课程的各要素之间关联度低,如学校课程建设没有触及课堂教学改革,课程建设与教学有效性的提升没有关系;中小学真正参与课程建设的积极性普遍不高,他们内心里觉得"课程开发浪费时间","对提高教学质量没有用",课程开发在很大程度上还只是行政推动或为了所谓的"办学特色"而已。

林林总总,中小学课程改革的细节问题很多,很值得我们关注。教育部《关于全面深化课程改革,落实立德树人根本任务的意见》指出:中小学课程改革从总体上看,整体规划、协同推进不够,与立德树人的要求还存在一定差距。主要表现为课程目标有机衔接不够,课程教材的系统性、适宜性不强;与课程改革相适应的评价制度不配套,课程资源开发利用不足,支撑保障课程改革的机制不健全等。因此,更深层次地说,迈向3.0的学校课程变革是"立德树人"的深切呼唤。

根据笔者多年的观察与研究,对中小学而言,3.0的学校课程有以下基本特征:一是倾听感,聚焦"原点",关注学生的学习需求;二是逻辑感,严密的而非大杂烩或拼盘的;三是统整感,更多地以嵌入的方式实施而非简单地做加减法;四是见识感,以丰富学生的学习经历而不以知识拓展或加深为取向;五是质地感,课程建设触及课堂教学变革,教学有效性的提升倚赖课程的丰富与精致。

在迈向3.0的学校课程变革旅途中,中小学可以推进以下六个"关键动作",扎实、深入推进学校课程变革,形成学校课程变革架构,创生学校文化特色。

第一个关键动作:把儿童放在课程的中央,关注儿童的学习需求与兴奋点。

3.0课程是以学习为中心的课程。捕捉孩子们的兴奋点,点燃孩子们的学习热情,满足孩子们的学习需求是学校课程变革的首要议题。

学习需求是学习的动力,是影响学习品质的重要因素。在一所学校,从学习需求的主体看,我们应关注这样三类学习需求:一是所有孩子的共同学习需求,二是一部分孩子的团体学习需求,三是一个特定孩子的个别化学习需求。学校如何采取合理的方式,识别、发现、回应、满足、引导学生的学习需求,促进学生发展,是学校课程发展的关键。从学生学习需求的动态发展变化过程去分析、研究学生的学习需求,在学生学习需求的满足与不满足的动态平衡中去研究学校课程架构才有实际意义。在"回归"意义上,学校课程建设把学习需求放在中央,是以学生发展为本的教育理念的具体反映。

学习需求分析是一个系统化的调查研究过程。我们要通过调查全面了解学生的实际情况。调查的对象可以是群体,如一个班级或教师任教的几个班级、一个年段甚至更广;也可以是个体,如某个特别的学生或两个对比的学生。具体调查方法有问卷调查、访谈座谈、测试调查、案例分析、典型跟踪等。不管哪种方法,主要目的是收集相关数据,整理、分析、判断、发现学生现状中存在的问题,并找出问题产生的原因,以便在课程设计中对症下药,确定解决该问题的必要途径。

当然,我们也要注意区分哪些需求是必须满足的,哪些需求不是非满足不可的,哪些需求是需要引导和调整的。杜威说:教育即经验的改造。面对孩子们,我们要思考的是:是不是所有的经验都可以进入课程?怎样的经验具有满足孩子们学习需求的属性呢?实践证明,经验必须满足以下两个条件才能进入课程:第一,经验必须关注儿童生长,必须把儿童放在课程的中央,真正促进儿童的成长与发展;第二,经验必须具有连续性。经验仅仅新鲜、有趣是不够的,散乱的、割裂的和"离心"的经验,是没有意义的,不能作为课程的有机构成。经过设计的"经验"可以从小到大,从自我生活到公共领域。经过精心"改造"过的经验,可以很好地体现"逻辑结构"与"心理结构"的有机统一。换言之,我们的课程设计应该贴近儿童的学习需求,聚焦孩子们的生长点。

第二个关键动作:建构自己独特的"课程图谱"或"课程坐标"。

丰富的课程比单一的课程更有利于孩子们的人性丰满,这是一个课程常识。如果把课程视为书本,孩子们可能会成为书呆子;如果把课程视为整个世界,孩子们可能会拥有驾驭世界的力量。

课程是一个可延伸的触角。让课程更好地链接生活、链接活动、链接管理以及一切可能的要素,让学校课程纵横交错,能够真正"落地",这是迈向3.0课程变革的关键手法。

为此,每一所学校都应致力于建构自己独特的"课程图谱"或"课程坐标"。在横向上,将学校课程按照一定的逻辑进行合理的分类;在纵向上,将学校课程按照年级分为不同层级,形成一个适应不同年龄阶段孩子的课程阶梯。具体地说,在横向上,重构学校课程分类,让孩子们分门别类地把握完整的世界之奥秘;在纵向上,强调按先后顺序,由简至繁、从已知到未知、从具体到抽象,保持课程的整体连贯。这样,我们就可以形成天然的、严密的学校课程"肌理",让课程有逻辑地"落地",有利于克服课程碎片化、大杂烩问题。

总之,如何按照一定的逻辑,理顺学校课程纵向与横向关系是学校课程变革需要审慎思考的问题。让课程真实地存在于特定学制之中、特定年级之中、特定班级之中,让每一位教师可以看到自己在学校课程图谱中的位置,每一个家长可以更清晰地知道自己的孩子在学校将学习什么,未来将发生什么,学校将把孩子们引向何方……一句话,课程是动态的课程,而不是静止的名称。

第三个关键动作:具身学习成为课程最核心的实践样式。

真正的学习应是具身的。换言之,只有个体亲身的经历和体验才称得上是学习。课程从本质上说是一种经验。说白了,课程就是让孩子们体验各种经历,并由此将知识以及其他的各种可能转化为自身的经验,实现自身的"细微变化"。

3.0的学校课程表现出这样两个特点:一是突出孩子们在课程设计、实施与评价中的主体地位,让他们在课程中释放激情;二是从孩子们的角度出发设计课程,以孩子们喜欢的方式实施、评价以及管理课程。这样,课程不是外在于孩子们的,孩子们本身就是课程的设计者、实施者和评价者。

培根说,知识就是力量。这话只说对了一半,确切地说,具身的知识比离身的知识更有力量,能够勾连起想象力的知识比无想象力的知识更有力量,有繁殖力的知识比无繁殖力的知识更有力量,成体系的知识比碎片化的知识更有力量,被运用的知识比没有得到运用的知识更有力量。课程是有设计、有组织的经验系统。在这里,见识比知识更重要,智识比见识更有价值。

在课程实施过程中,让孩子们采用多样的、活跃的学习方式,如行走学习、指尖学习、群聊学习、圆桌学习、众筹学习、搜索学习、聚焦学习、触点学习……但凡是孩子们生活世界里精彩纷呈、活跃异常的做事方式,就是课程实施的可能方式,而不仅仅是所谓的概念化了的"自主、合作、探究"。杜威说:"一切学习来自经验。"实践、沉浸、对话、互动、参与、体验是课程最活跃、最富灵性的身影,也是课程实施的最重要的方法。重视孩子们直接经验的获得,通过一系列的实践活动,扩充和丰富孩子们的经验,是3.0课程的重要表征。

第四个关键动作:课程不再是"孤军作战",关联与整合成为课程实施的常态。

关联与整合是3.0学校课程变革的关键特征之一。关联与整合强调要以各学科的独立性为前提对课程内容进行多维、多向的组织。这就意味着,我们要打破学科的固有界限,找出课程要素之间的内在联系,关注知识的应用而不仅仅是知识形式,强调内容的广度而不仅仅是深度。在整合的基础上,加强各个学科之间、课程内容和个人学习需求之间、课程内容和校外经验之间的广泛联系。

一般地说,课程整合有两种常见方式:一是射线式整合,即以学科知识为圆点,根据知识的内在逻辑联系而进行多维拓展与延伸;二是聚焦式整合,即以特定资源为主题,根据学习者的兴趣或经验,以加强孩子们与社会生活的多学科、多活动的关联与整合。从表现形式来看,既有"学科内统整",又有"学科间统整";既有"跨学科统整",又有"学科与活动统整"以及"校内与校外统整"等。

课程是浓缩的世界图景。3.0的课程是富有统整感的课程,是多维连结与互动的课程。不论是学科课程的特色化拓展,还是主题课程的多学科聚焦,都应尽可能回到完整的世界图景上来,努力将关联性与整合性演绎得淋漓尽致,让孩子们领略世界的完整结构。

第五个关键动作:学校弥漫着浓郁的课程氛围,自觉的课程文化是变革的结晶。

课程保障条件的落实、课程氛围的营造以及学校文化的自觉生成,是3.0课程变革的重要组成部分。中小学如何落实课程保障条件、让学校课程氛围浓郁起来?有两点建议值得一提:

一是主题仪式化。孩子们对于节日的喜爱源自天性,几乎没有孩子不喜欢"过节"。每个学期开始前,学校可以集体策划、共同商讨本学期的主题节日。如学校可以推出热火朝天的"劳动节",引导着孩子们动手动脑,学会观察,搞小研究,孩子们以"种植"为主题,选择不同的植物作为研究对象;可以设计绚烂多彩的"涂鸦节",针对不同年级开展不同的涂鸦活动,以生动有趣的形式来展现审美情趣,表达情感,激发孩子们的创意,让他们增进环保意识;可以创造生机盎然的"花卉节",带着孩子们走进大自然,感受花卉的美丽绚烂,搜索和花相关的各种诗篇、成语、民间故事,增长见识的同时提升审美情趣;可以拥有别开生面的"晒宝节",孩子们在全家的支持下开始搜索各种宝贝,如独立寻找自己的钢琴考级证书,在家人的帮助下寻找爸爸、妈妈小时候的照片,奶奶钟爱的缝纫机,爷爷的上海牌手表等。当然,我们还可以生成趣味无穷的"游戏节"、传递温情的"爱心节"、开阔眼界的"旅游节"……对于孩子们来说,校园节日是难能可贵的课程。

一句话,学校精心准备、周密策划,充分发挥全体教师的智慧与才干,开发具有时尚、艺术、娱乐等元素的、孩子们喜欢的校园节日,将德育活动通过一个个校园节日展现出来,让丰富多彩的节日活动吸引孩子们,让浓郁的课程文化给孩子们的校园生活留下美好的回忆。

二是空间学习化。迈向 3.0 的课程善于发现空间的"意义结构",它常常以活跃的空间文化布局诠释"空间即课程"的深刻内涵。现在,我们有很多学校已经意识到了"空间课程领导力"的价值。诸如以下一些做法都是值得我们赞赏的:1. 办学理念视觉化、具象化,充分展示一所学校的文化气质;2. 办学特色课程化、场馆化,让办学特色成为课程美学;3. 教室空间资源化、宜学化,让每一间教室都释放出生命情愫;4. 图书廊馆特色化、人性化,让沉睡的图书馆得以唤醒;5. 食堂空间温馨化、交往化,让喧闹的餐厅不仅仅可以就餐;6. 楼道空间活泼化、美学化,让孩子们转角遇见另一种美……如何最大限度地让校园空间成为课程的有机组成部分,如何最大限度地让每一个物理空间释放教育能量,如何突破教室和校园围墙限制,让社区、大自然和各种场馆成为课程深度推进的生命空间,是 3.0 课程的美好期待。

这意味着,我们应当超越对空间的一般认知,重塑空间价值观念,提升空间课程领导力。通过设计、再造、巧用空间的"点、线、面、体",促进学校课程深度变革。我们应从实践美学的视角,重新发现学校空间的课程内涵,清晰定位学校的办学愿景、办学理念、内涵特色和育人目标,把无形的教育理念转变为有形的课程空间,通过深入分析学校的内涵发展、办学特色、课程理念,以及学生的多元学习需求,研究不同课程教学活动对空间的功能诉求,从物理设施、学习资源、技术环境、情感支撑和文化营造等维度上,对空间功能进行整体再构和巧妙运营,将课程理念转变为看得见的空间课程,让空间最大程度地满足不同学生的多元化发展需要。

总之,课程是一种文化范式。推动基于课程向度的仪式创意与空间设计,关注学习方式的多变性和场景性、学习时间的灵活性和可支配性、学习空间的多元性与舒适性、学习资源的丰富性和易得性,让所有的时空都释放出教育价值,让所有的时空都成为课程场景,让孩子们学习作品的形成、展示、发布、分享成为校园里最美丽的景观,让时空展示出生命成长的气息和活性,这是3.0课程的美好图景之一。

第六个关键动作:聚焦儿童的成长与发展,让课程表现出鲜明的回归属性。

3.0课程变革具有鲜明的回归属性:无穷点的多维连结聚焦到人的完整发展与灵性生长,回归到"教育即解放"这一"原点"上。

众所周知,课程与儿童的关系是一个既古老又年轻的话题。说它古老,是因为自从有了学校教育,有关课程与儿童的讨论便应运而生,历史上每一次课程改革都必然伴随着儿童观的思考;说它年轻,是因为随着时代的发展,这个问题会表现出新的形态与新的内涵。可以说,"让课程回归儿童"是3.0课程的必然选择。

当前,我们有很多学校在处理课程与儿童的关系问题上显示了高超的艺术与纯熟的智慧:课程目标设计过程凸显内在生长的视角,课程内容设计方面突出课程内容的生命活性,课程结构把握强调纵横交错的系统思维,课程实施探索强调具身学习的人本立场,课程评价与管理彰显儿童的主体地位。

课程即独特的生命体验。一百个孩子,一百个世界。每一个孩子对世界的认识都不一样,课程就是要认可每一个孩子的生命体验,并尊重他们的选择和体验。课程也是可选的发展标志。每一个孩子都有自己的发展高度,每一段路都是一个人生标杆,每一段经历都是一个人生标杆。课程就是要依据孩子的不同实际,开发适合他自己的独特的"生命图景",让课程真正回归儿童。

说到这里,不由地想起美国课程学者小威廉姆E·多尔提出的以Rich(丰富性)、Recursive(回归性)、Relational(关联性)和Rigorous(严密性)的"4R"课程设计理念,让学校课程变革更符合生命成长的诗性节律。我的推想是,迈向3.0的学校课程变革是不是在践行"4R"的课程追求呢?是不是在推进基于文化自觉的课程变革呢?答案是肯定的!

杨四耕

2016年11月15日于上海市教育科学研究院

目　录

前言　赋予学校课程以文化内涵 / 1

第一章　课程即自然生长 / 1

教育就是不断生长,在它自身之外,没有别的目的。儿童的生长就是学校课程的旨趣。我们给儿童提供的课程应当顺应儿童的兴趣和需要,应当符合儿童的发展特点,自然生长的过程就是儿童活动体悟过程与兴趣延续过程,就是能力发展过程与品格养成过程。

　　课程 1-1　乐享阅读,走进世界 / 4
　　课程 1-2　经典诗词赏析 / 9
　　课程 1-3　我爱读绘本 / 14
　　课程 1-4　走进绘本小世界 / 18
　　课程 1-5　快乐小诗人 / 21
　　课程 1-6　绘本阅读 / 27
　　课程 1-7　开心牧场 / 31
　　课程 1-8　校园植物大发现 / 36

第二章　课程即美丽行走 / 41

孩子们走出课堂、走出校园,行走在富有阳光的浓绿中,行走在殷殷盼望的期待里，行走在时刻萦绕的关怀下，孩子们从青涩的小苗慢慢蜕变成青青的小树，再逐渐地扎根、滋润、丰富、充盈，直至成长为挺拔的大树。原来，行走是一种学习方式，也是一种精神体验。

课程 2-1　快乐玩水墨 / 43
课程 2-2　小小美术家 / 47
课程 2-3　陶艺 DIY / 52
课程 2-4　鼓韵声声 / 58
课程 2-5　魅力上海 / 62
课程 2-6　学子爱嘉 / 68
课程 2-7　校园小导游 / 72

第三章　课程即习惯养成 / 77

乌申斯基曾经有一个精彩的比喻："好习惯是人在神经系统中存放的资本，这个资本会不断地增长，一个人毕生就可以享用它的利息。"课程的背后潜隐着深刻的教育价值观，诚如詹姆士所言："播下一个行动，收获一种习惯；播下一种习惯，收获一种性格；播下一种性格，收获一种命运。"

课程 3-1　颜楷启蒙与趣味篆书 / 80
课程 3-2　衍纸 / 85
课程 3-3　快乐剪纸 / 89
课程 3-4　趣味简笔画 / 93
课程 3-5　我画我心 / 97
课程 3-6　多彩超轻土 / 101
课程 3-7　成语 365 / 106

目 录

第四章　课程即生命旅程 / 113

　　课程应该成为学生一段美好的生命旅程,这段生命旅程将在孩子们的心中种下真、善、美的种子,启发他们完整理解生命的意义,积极创造生命的价值。正如杜威所指出的:"学校必须呈现现在的生活——即对于儿童来说是真实而生气勃勃的生活。"因此,课程应从生命的角度重建学生的生活,处理好科学世界与生活世界的关系。

　　　　课程4-1　职业启蒙 / 116
　　　　课程4-2　职业模拟 / 121
　　　　课程4-3　职业理想 / 126
　　　　课程4-4　爱心农吧 / 131
　　　　课程4-5　小小自然探究家 / 136
　　　　课程4-6　我与社区 / 141
　　　　课程4-7　节日文化知多少 / 146

第五章　课程即意志锤炼 / 153

　　意志力是决定达到某种目的而产生的心理力量。在这个世界上,真正创造人生奇迹者乃人的意志力。课程应锻炼孩子们的体魄,锤炼孩子们的意志,让他们更自律、更自强,让他们的人生更有力量。锻炼意志,积蓄力量,让孩子们沐浴风雨见彩虹,成长之路洒满阳光。

　　　　课程5-1　文化旅行 / 156
　　　　课程5-2　儿童话剧 / 161
　　　　课程5-3　弟子规 / 167
　　　　课程5-4　小小礼仪家 / 170
　　　　课程5-5　中华武术 / 174

课程 5-6　少儿健美操 / 179

课程 5-7　跳跃的乒乓球 / 183

第六章　课程即文化相遇 / 189

　　文化是从内心深处长出来的。当课程与文化相遇，需要我们更多地进入"文化场景"，感受文化、思考文化、追寻文化，去唤醒潜藏在内心深处的文化情愫。如此，文化才能慢慢地生长出来，深深地扎根下去，进入孩子们的灵魂，融入孩子们的血液，成为他们生命的构成。

课程 6-1　中外名著导读 / 192

课程 6-2　国学经典诵读 / 196

课程 6-3　朝阳文学社 / 200

课程 6-4　快乐作文 / 204

课程 6-5　数学小百科 / 209

课程 6-6　趣味数学 / 213

后记 / 218

前　言

赋予学校课程以文化内涵

　　一百多年前，清王朝即将覆灭之时，各地纷纷兴教重学。地方贤达顾谷宾先生为振兴家乡教育事业，以期中华民族之崛起，于银杏树下破旧的城隍庙里创办了一所学校，教书育人。这座始建于1906年的城隍庙小学，就是上海市江桥小学的前身。

　　沧海桑田，几经蜕变，接受过时代洗礼的江桥小学，裹挟着厚重的文化传承，历久弥新。一代又一代的江小人，始终践行着先贤的办学理念，将"责任教育"铭记于心，见诸行动。

　　随着江桥地区社会事业飞速发展，江桥小学的办学规模也在不断扩大。师资力量日益雄厚，学历结构逐步改善。近年来，学校以五年发展规划的实施为契机，努力实现新一轮发展，取得了一系列成就，赢得了社会的尊重和认可。然而面对过往的成就和当今教育发展形势，勤劳、务实的江小人意识到：原有的基础教育课程已不能完全适应时代发展的需要，推行课程教学改革，实现教育转型，势在必行。

　　教育的根本价值在于"育人"。"育人"首先是学会"做人"，"说负责任的话，做负责任的事，成负责任的人"。近年来，江桥小学致力于办一所负责任的学校，做负责任的教育。"责任教育"是科学、理性、和谐的高品位教育，是更关注人性的提升、人格的健全、人的终身发展的教育，是更关注社会、时代、民族乃至全世界的未来的教育，是对时代发展、民族复兴、人类文明、社会和谐负责任的教育。其根本宗旨是造就人的责任情怀、担当精神以及履行责任的本领。简言之，江桥小学倡导的"责任教育"要义可以概括为：天职意识、挚爱情怀、科学精神、大家品位。

　　"责任教育"，不是一项孤立的行为，它融于学校教育、家庭教育、社会生活的方方面面。江桥小学以"责任教育"作为学校教育哲学，其目的在于通过贯彻与逐步落实

"责任教育",增强学生工作、学习和生活的责任心,让责任意识内化为学生自主学习、自主实践、自主创新的元认知,从而推动他们在德、智、体、美、劳等方面得到全面发展。

如何将"责任教育"与"课程改革"进一步相结合?作为一所历史悠久的百年老校,江桥小学有着发展的潜在优势,却也受到诸多因素的影响、制约,唯有直面现实,务实规划,智慧管理,才能突破瓶颈,迎难而上。传承百年精神,大胆突破壁垒,在变革中求生存,在探索中求发展,成为摆在江小人面前的首要课题。

于是,在校长的引领下,全校教师聚焦课改问题,本着"严谨治学,厚德启智"的学校精神,"和谐合作,共同发展"的办学宗旨,牢记学校"为每一名学生负责,为学生终生发展奠基"的办学承诺,以践行"责任教育"为己任,将科研意识、理论思想和务实精神相结合,进行了深入研讨交流。最终逐渐达成一致:追本溯源,挖掘学校百年来薪火相传的教育文化,引导教育转型,实行品质提升;返璞归真,忘却过去的辉煌成就,自下而上、自上而下进行学校未来发展的系统思考、顶层设计,实行大刀阔斧的课程改革。

课程,是学校最为重要的资源,也是学校的核心竞争力。因此,课程的设计必须立足实际,着眼未来,通过对国家课程的开发和校本课程的建设,系统设计满足学生自身发展需要、充分落实学校培养目标的课程,让学生有权利、有能力为自己的未来选择自己感兴趣和有发展空间的课程。

基于以上认识,学校赋予课程以新的理念:履行责任就是提升能力。并重新定位课程培养目标:努力把学生培养成为"知责任,明行规;乐学习,勤思考;广兴趣,有特长;健身心,现活力"的现代小公民。学校坚信教育就是责任,于是以课程建设为切入点,坚持在传承中创新,在创新中发展,注重艺体科联动推进,深入研究"责任课堂",用心打造课程特色项目,逐渐构建一套符合"责任教育"理念、富有活力、独具特色,能让学生终身受益的校本课程体系——"小脚丫课程"。

"小脚丫课程"是一种全新的课程模式,围绕育人目标,在传统课程的基础上,深度展开课程结构,在课程设置上分为五大类:学科特色课程系列、职业启蒙课程系列、主题探究课程系列、艺术陶冶课程系列、开心游学课程系列。以育人目标为脚掌,五类课程设置为脚趾,一同构成"小脚丫课程",期望学生在"行走"中"履责",在"行走"中丰富经历。

《小脚丫课程:生命眷恋与文化情愫》是教师们对学生所寄予的厚重期望,也是教师们对自身的研磨和考量,成书的过程无疑是一场攻坚战。为了帮助学生找到真正属

前　言

于自己的兴趣和道路，每一位教师都全力以赴，反复研读书籍、深入思考交流、用心积累案例，不断更新观念，不断完善细节，将全部心血凝结其中。在上海市教科所杨四耕主任的反复指导下，教师们一次又一次融入课程思考，学习课程理念，撰写并反复修改课程纲要，与课改共同成长，进行了一场挑战自我、超越自我的修行。行走，是一种学习态度，也是一种精神历程。我们的教师用他们探索课程改革的坚定脚步，赋予了课程真正的旨趣：课程即自然生长、课程即美丽行走、课程即习惯养成、课程即生命旅程、课程即意志锤炼、课程即文化相遇。

课程即自然生长。教育就是不断生长，我们给儿童提供的课程应当是自然生长的，这种自然生长应是顺应儿童的兴趣和需要的，是符合儿童的发展和特点的，自然生长的过程就是儿童活动体悟的过程，兴趣延续的过程，能力发展的过程，品质养成的过程。我们期盼着孩子能够在这样的课程环境中健康快乐，自然生长。

课程即美丽行走。倡导学生走出校园，走出课堂，回归大自然的怀抱，真切体会到家乡之美。我们的孩子在行走乡里间、行走街衢间、行走乡亲间有了真真切切的美丽体悟，这种体悟所衍发的对于家乡的深切情感，是课堂中的任何语言所不能代替的。

课程即习惯养成。习惯是养成教育的产物，它往往起源于看似不经意的小事，却蕴含足以改变人类命运的巨大能量。润物细无声，良好习惯的养成蕴藏于各种特色课程之中，用特色课程让孩子养成好习惯，终生受益。

课程即生命旅程。尊重孩子的认知特点，符合学生的成长需要，遵循学生生活逻辑，选取学生需要的、感兴趣的以及有发展意义的内容设计主题，加强亲子交流，营造温馨的家庭环境，让孩子的童年成为一段美好的生命旅程。

课程即意志锤炼。锻炼健康体魄，汲取传统文化，学习文明礼仪……希望通过课程来培养孩子们的意志力，让他们更自律、更自信、更坚强，让他们勇敢地面对困难与挫折，让他们坚定地实现目标与梦想，让他们的未来人生更有力量。"锋自磨砺出，玉乃雕琢成"，锻炼意志，积蓄力量，热爱生活，珍爱生命，才能让我们的孩子沐浴风雨见彩虹，拨开云雾见月明，成长之路洒满阳光。

课程即文化相遇。感受阅读的喜悦，体悟文化的真谛。让我们的孩子在穿越古代与现代、经典与趣味、国学与西学、故事与今事的过程中体会不同文化的味道，用目光穿透时间，用指尖对话历史，在与不同文化的如期相遇中感受那份深沉厚重、那份源远流长、那份浸透在每一个民族骨髓中的态度。

用心触摸这些文字，字里行间，渗透出教师们对职业的满腔热忱，以及对课程改革的领悟与思考。可以说，每一篇课程纲要都凝结着江小教师的智慧和心血，这些为孩子们量身打造的多元化的丰富多彩的课程，让学生们更立体地去学习，更用心去感受生活。

《小脚丫课程：生命眷恋与文化情愫》印证了学校责任教育深入推进的足迹，是学校推进"小脚丫课程"建设实践研究的成果，其中蕴含了每一位教师对教育的付出与思考，对学生的责任与爱心。我们真心希望他们行走在这样的课程中，能起到指引他们一生的作用。

汇聚百年积淀，传承百年经典，在行走中履职。生命眷恋与文化情愫，仍需要变革、改进，且学且思且行。"雄关漫道真如铁，而今迈步从头越。"

上海市嘉定区江桥小学校长

苏莉萍

2018年6月6日

第一章
课程即自然生长

教育就是不断生长,在它自身之外,没有别的目的。儿童的生长就是学校课程的旨趣。我们给儿童提供的课程应当顺应儿童的兴趣和需要,应当符合儿童的发展特点,自然生长的过程就是儿童活动体悟过程与兴趣延续过程,就是能力发展过程与品格养成过程。

小脚丫课程

课程即自然生长 1

杜威认为:"教育即生长。"我们都知道,一切有生命的事物都有一个漫长的生长过程。其生长过程,有的是顺其自然,随遇而安;有的需要阳光雨露的呵护和人的关怀、照顾。物尚且如此,人则更需要教育与引导。学校作为实施教育的主场所,我们一直在思考,孩子需要什么样的人生成长?是放任自流的所谓"自然"生长,还是按照孩子成长的规律,为他们提供适时适切的成长养料,让孩子在身心的快乐中、在对未知的强烈探求中自然生长?答案无疑是后者!因此,从这个意义上来说,教育就是不断生长的;在它自身之外,没有别的目的。儿童的生长就是教育的目标。

我们给儿童提供的课程应当是自然生长的,这种自然生长应是顺应儿童的兴趣和需要的,是符合儿童的发展和特点的,自然生长的过程就是儿童活动体悟的过程,兴趣延续的过程,能力发展的过程,品质养成的过程。

儿童文学家彭懿在他的新作《图画书阅读与经典》中指出,"绘本是用图画与文字共同叙述一个完整的故事,是图文合奏。在绘本里,图画不再是文字的附庸,而是图书的生命,甚至有很多绘本是一个字也没有的无字书。"孩子通过阅读和理解绘本故事,强大了自己的内心,并逐渐建立起了她自己的判断标准。因为读了《肚子里的火车站》,孩子懂得了去呵护她肚子里的小精灵们,爱吃蔬菜爱吃水果,不挑食,因为她知道,小精灵们健康她才会健康;因为读了《牙齿大街的新鲜事》,早晚各一次的刷牙从来不需要催促,孩子一点儿也不希望哈克和迪克在她的牙齿里面造别墅,建游泳池;因为读了《点》,孩子的自信油然而生:画画有什么难的,我也会!《乐享阅读,走进世界》、《经典诗词赏析》、《我爱读绘本》、《走进绘本小世界》、《快乐小诗人》、《绘本阅读》、《开心牧场》、《校园植物大发现》等课程为孩子们的自然生长铺就了一条条快乐而又富有探求意义的道路。《小兔波力品格养成系列》,用温暖亲切的小故事生动再现孩子在日常生活中遇到的各种问题,而莽撞淘气又温柔善良的小兔波力则教会孩子为人处世的许多道理:如何面对困难、如何克服恐惧、如何关爱别人、如何与人相处等等,让孩子

第一章　课程即自然生长

在阅读时受到潜移默化的熏陶,培养出健全而有魅力的品格,搭建好通向社会的桥梁。

我们期盼着孩子能够在这样的课程环境中健康快乐,自然生长。相信自然生长的孩子必然会有一个多彩的未来!

课程1-1　乐享阅读，走进世界

适合年级 四年级

课程背景

英语作为应用最为广泛的国际通用性语言之一，具有极强的实用性，其教学的最终目标就是培养学生的跨文化交际能力，而英语拓展阅读教学则是英语跨文化交际的重要形式之一。

中高年级的小学生，接触英语的时间还不长，对于英语国家的文化了解不多，这妨碍了学生的语言表达以及对文化习俗的理解。在英语教学中引入文化背景，在课外的活动中，比较中西方两种背景，掌握不同习俗，这对课堂教学也起着较大的推进作用。

本课程理念：以阅读为载体，感悟世界多元文化。本课程结合了本校城郊结合部学生的特点，在英语阅读教学中引入大量的中西方文化背景素材。本课程阅读涉及材料知识面广，信息量大，包含了大量的源语言的历史地理、风土人情、价值观念等内容，以期在课程的学习过程中培养学生的跨文化意识、阅读能力、对信息的检索能力及对客观事实的分析能力，激发热爱传统文化，热爱世界，热爱生活的情感。

课程目标

1. 了解和认识以英语为母语的西方国家的风土人情和风俗习惯，努力实现跨文化交际。
2. 通过对中西方文化的对比，有意识地在阅读中积累、感悟，提高语用能力。
3. 通过小组合作，提高对信息的检索能力，以及对客观现实的分析能力。

课程内容

本课程围绕中西方文化差异这个中心议题，包含如下四个单元主题：Culture

第一章 课程即自然生长

differences，Western food & Chinese food，Western holidays & Chinese holidays，Western education & Chinese education。

Unit 1. Culture differences（2课时）

Period 1 Culture differences A

Period 2 Culture differences B

搜集以英语为母语的多个西方国家的简介，帮助学生从整体上理解和认识中西方文化的差异。

Unit 2. Western food & Chinese food（4课时）

Period 1 Western food

通过各类图文视频资料，让学生了解西方传统节日食品及相关的一些简单的制作方法。

Period 2 Chinese food

通过各类图文视频资料，让学生了解中国传统节日食品及相关的一些简单的制作方法。

Period 3 The differences between Western food and Chinese food

学生收集资料，探讨和比较中西方饮食文化。

Period 4 Healthy food

通过对中西方饮食文化差异的比较，初步渗透一些健康饮食教育。

Unit 3. Western holidays & Chinese holidays（8课时）

Period 1 Easter

Period 2 Thanksgiving Day

Period 3 Halloween

Period 4 Christmas Day

通过各类图文视频资料，向学生介绍常见的西方节日，帮助他们更好了解西方节日的由来、具体活动、对人们生活的影响等。

Period 5 the Spring festival & the Lantern festival

Period 6 the Dragon boat festival & the Double ninth festival

学生自主探究，结合生活实际，搜集中国节日的资料，了解其由来、具体活动、对人们生活的影响等。

Period 7 The differences between the Western festivals and the Chinese festivals

Period 8 Festivals in your eyes

学生小组合作，一起探讨中西方节日差异，并交流自己最喜欢的节日。

Unit 4. Western education & Chinese education（2课时）

Period 1 Western education & Chinese education　A

Period 2 Western education & Chinese education　B

通过数据、图文资料等，对比中西方幼儿园、小学、中学、大学的学校教育，帮助学生了解中西方教育的差异，以期对学生的人生观、价值观产生一定的影响。

课程实施

本课程共计16课时，教学采用图片资料、多媒体课件、音像资料等。主要面向四年级学生，以班级为单位开展活动。安排教师讲课，观看相关视频，阅读相关文字材料，学生查阅资料PPT汇报等活动。在课程实施过程中，我们采用如下方法推进：

（一）启发讲授

用图片、文字、视频展示中西方节日、饮食文化、教育等，帮助学生了解中西方差异。

（二）搜集资料

学生课前搜集相关资料。通过自己的参与实践，较为全面地了解中西方节日的风俗习惯，激发热爱传统文化，热爱世界，热爱生活的情感。

（三）小组讨论

学生分组讨论，对搜集到的中西方文化、饮食、节日、教育类型进行比较，找出两者的差异与共同点。师生合作讨论，分析差异原因。在讨论中培养学生对客观现实的分析能力，加深对中西方文化、教育、饮食等各方面了解，形成正确的人生观、价值观。

第一章　课程即自然生长

在本课程实施过程中,要注意学生实践体验与教师点拨指导相结合。教学活动中,教师的主要任务是给予建议和帮助,教师的作用贯穿于整个活动过程。

课程评价

本课程可采取多样的评价方法,重视学习结果的评价,更重视过程的评价。重视开展学生之间的互评和自评,鼓励学生通过活动充分表现自己。评价采用师评、自评、互评相结合的星级评价方式。

(一) 过程性评价

表1　过程性评价量表1

学生姓名		
评价指标		指导老师评价
平时	出勤情况	
	提问发言	
	作业情况	
	小组合作	
期末评定	基本知识阶段性考查	
	学习成果考查(PPT,手抄报,调查报等方式)	
综合评价		
评定等级		

备注:1.出勤情况:出勤率达到 80% 以上为三星, $60\%-79\%$ 为二星, 60% 以下为一星。2.提问发言:坚持每节课提问发言为三星,偶尔提问发言为二星,从不提问发言为一星。3.作业情况:按时按要求完成各类探究作业为三星,晚交作业为二星,不交作业为一星。4.小组合作:主动参与小组合作为三星,经提醒能参与小组合作为二星,不愿意参与小组合作为一星。

表 2　过程性评价量表 2

学生姓名		
评价指标	自我体验感悟	组员互评
学习积极性		
学习成果(PPT,手抄报,调查报等方式)		

备注：1.学习积极性：积极参与到探究课堂的各项活动中为三星,能在组员帮助下参与到探究课堂的活动中为二星,对探究课堂活动没兴趣为一星。2.学习成果：按时按要求交作业为三星,晚交作业为二星,不交作业为一星。

通过师评、自评、互评等多元化评价方式,使学生在学习中不断反思,不断成长。

(二)创意性评价

表 3　创意性评价量表

类　　别	姓名/组名
合作学习优秀小组奖(2个)	
合作学习优秀个人奖(6名)	
最佳创意 PPT(3份)	
最佳创意手抄报(3份)	
最有价值的调查报(3份)	

备注：教师整理本课程孩子们的作品,投票选出相应的学员和小组。

除了常规的教师评价外,更应突出学生的自评与互评。在自评与互评中养成自我反思、自我调整的习惯,让学生真正成为评价的主人、学习的主人。

(开发者：周晶婧)

课程1-2　经典诗词赏析

适合年级 四、五年级

课程背景

中华古诗词历史源远流长，名篇佳作篇目繁多，美不胜收。它是民族文化精神的源头，是我们中华民族的智慧结晶，是人类的文化瑰宝。根据调查，大部分学生对祖国与民族的优秀传统文化知之甚少，经典文化常识严重不足。在小学期间开展经典诗词赏析，不仅能引导青少年迈入经典国学的殿堂，积淀下扎实的文学素养，而且能与古代圣贤进行精神对话，熏陶滋润学生的心灵，塑造学生健康的人格和良好的品行。

《语文课程标准》指出，要使学生"认识中华文化的丰厚博大，吸收民族文化智慧"，"培植学生热爱祖国语言文字的情感"。因此，重视经典文化积累，赏析经典，这是素质教育的要求，也是新课程的要求。根据学生年段特点，以学校指导计划为基础，结合学校每年开展的"传承经典，弘扬民族文化"经典诗文诵读比赛，开设经典诗词赏析课程。

本课程理念：听其言、入其境、品其味、动其情。本课程通过从我国民族精神和文化中汲取营养，让学生接受优秀文化的熏陶，在经典赏析中听其言、入其境、品其味、动其情，提高学生的语文素养，使学生健康的人格和良好的品行得以养成，经典文化得以传承。

课程目标

1. 了解我国古代一些著名的诗人及诗句，对学习古诗词产生兴趣、陶冶情操、丰富语言表达。

2. 在多种形式的古诗词活动中，能够熟练地背诵所学古诗词并理解古诗词中所蕴含的深意。

3. 通过古诗词的诵读和欣赏，感受古诗词的韵律美、语言美、意境美，提高诵读古诗词的水平。

课程内容

本课程以"经典赏析"为核心，同时整合语文教材（1—10 册）古诗词部分的内容。共 8 个单元，具体内容如下：

第 1 单元：检查背诵

帮助学生回忆复习所学的古诗词。具体内容：列举 1—5 年级教材中的古诗词，按作者进行分类，检查背诵 1—5 年级已学的古诗词。

第 2 单元：积累回忆

让学生了解古诗词大意，领悟意境。具体内容：通过故事讲解、图画赏析、背景介绍等多种形式接触、积累古诗词，记忆古诗词。

第 3 单元：诵读经典

配乐朗诵古诗词不仅能增加情趣，而且能帮助学生体会古诗词的意境和意韵。具体内容：讲解古诗词韵律，分清平仄读法，配乐朗诵。

第 4 单元：游古诗词乐园

古诗词中包含着宽泛的地理、历史等文学常识，通过游戏活动，提高学生学习古诗词的兴趣，拓宽学生的知识面。具体内容：以小组合作形式，对古诗词中的知识问题进行讨论和抢答。

第 5 单元：画诗画词

有些古诗词非常具有画面感，通过画画来加深对诗词的理解，提高学生的审美情趣。具体内容：根据诗句内容，让学生运用丰富的想象力，勾画出一幅与古诗词相配的图片。

第 6 单元：词曲欣赏

通过音乐欣赏，提高学生对诗词的兴趣和古诗词的鉴赏能力。具体内容：欣赏配上不同类型乐曲的古诗词，分析比较表达的不同情感。

第 7 单元：吟唱比赛

通过吟唱品味古诗词，感受诗词魅力。具体内容：以小组为单位，组员选择自己喜欢的吟唱方式,进行吟唱比赛。

第8单元:学习总结

让学生把自己在整个过程中学到的知识和技能进行才艺展示。具体内容:可以诵读、吟唱、绘画等,可以结合课外书、光盘、网络资料等。

课程实施

本课程每周1课时,一学期共计16课时,一学年共计32课时。上课地点是多媒体教室。教学中主要使用一至五年级语文教材、《小学生必备古诗词》、互联网,多媒体课件,音像资料等。主要面向四、五年级对古诗词感兴趣的学生。主要以4人小组的形式开展学习。在课程实施过程中,我们采用如下方法推进:

(一) 启发讲授

启发讲授是将传统的讲授式教学和现在所倡导的启发式教学相结合。可以用图片、文字、音乐展示古诗词的意境美,让学生入情入境,陶冶情操,并加深对古诗词深层含义的理解。古诗词也包含了丰富的文学常识,辅以教师讲授,让孩子掌握一些必要的地理、历史知识,扩大知识面,激发学习兴趣。

(二) 游戏活动

古诗词赏析不是一味地讲解和反复背诵,这将降低孩子学习的兴趣。因此,把游戏活动与古诗词赏析相结合,通过竞猜、吟唱、讨论、抢答等形式,寓教于乐,不但能激发学生学习的主动性,而且能培养学生的团队合作能力。

(三) 动手操作

有些古诗词非常具有画面感,可以让学生动手操作,根据诗句内容,加上丰富的想象,勾画出一幅与古诗词相配的图片。通过画画来加深对诗词的理解,提高学生的审美情趣。

在本课程实施过程中,要注意以下两点:一是活动要面向参加课程的所有学生,让他们从中受益,提高素养。当然,在坚持全员性的前提下,也鼓励一些"尖子生"脱颖而出。二是要与校内外相关的活动相结合,加强学校、社会、家庭的配合,发挥整体功能。

课程评价

评价是整个教学中至关重要的一步,本课程既重视结果评价,更重视过程评价。根据不同的活动,采取不同的评价方式。在过程性评价中,将自评、互评相结合,其目的是有效延续和提高学生学习古诗词的积极性,使学生看到自己的进步,发现自己的学习能力与潜力。

(一) 积分制评价

在古诗词游戏中,设置了竞猜类活动,把学生分成4个小组,以抢答的形式参与游戏。题库类型分为四大类:诗词常识,经典诗句的记忆,诗句含义的理解,对韵歌的创作。每个题库中有7道题。各小组每答对一题得1分,共28分。得分最多的小组被评为"最佳人气组"。

表1 活动积分表

参赛小组 \ 题库类型	诗词常识(诗人别称、地理、典故)	经典诗句"对对碰"	诗情诗意我来说	创作"对韵歌"
第一小组				
第二小组				
第三小组				
第四小组				

(二) 展示性评价

全体学生参与,根据诗句内容,加以想象,给古诗词配上相应的图画。根据评价要求,每位同学有一次投票机会,可以把自己的一票投给最佳的那幅画。根据票数,分为一、二、三等奖,并评出"绘画小能手"。

表2 "绘画小能手"票站

评价点 姓名	符合古诗意境，有想象力	画面形象	配色协调

（三）感悟性评价

学生将自己在整个过程中学到的知识和技能进行才艺展示。把学生分成若干小组，根据抽签的结果，给予小组一个星期的排练时间，合作演绎一首诗。可以加入绘画、舞蹈、吟唱等多种艺术表现形式，充分发挥组员的创造力和表现力。并说一说在小组合作从排练到表演的过程中，自己有什么收获。

表3 体验感悟评价表

学生姓名	积极参与合作，主动发挥创造力，给排演提出建议，并且对古诗词有了更深刻的理解	经提醒才能积极配合，能给排演提出建议，对古诗词有一定的理解	能参与排演，但是不够积极，对古诗词的理解还不够

（开发者：严理）

课程1-3　我爱读绘本

适合年级
一年级

课程背景

苏霍姆林斯基曾说过:"让学生变聪明的方法,不是补课,不是增加作业量,而是阅读、阅读、再阅读!"可是,低年级是学习的起始阶段,学生识字量少,尤其是刚入学的一年级学生,大多学习基础薄弱,认知能力欠缺,语文学习能力亟待培养,纯文本阅读几乎不可能。而绘本图文并茂,画面精美,语言精练,不乏鲜明的逻辑,理性的思维。非常有意思的是,"绘本"这个词在世界范围比较通行的理解是"为儿童"创作的图书,所以从一定的意义上说,又可以把它叫做"小人书",这样的书,当然要让孩子读。

《语文课程标准》中明确提出,逐步培养学生探究性阅读和创造性阅读的能力,提倡多角度的、有创意的阅读,利用阅读期待、阅读反思和批判等环节,拓展学生的思维空间,提高阅读质量。语文教师应该注重对教材的重组、开拓,以实现这些教学目标。为了实现这些目标,我们旨在通过绘本阅读这一课程实现全方位的突破。

低年级的学生想象力丰富、大胆,有较强烈的表现欲望,对学习画画与写作的兴趣极为浓厚,已掌握了一些简单的基本绘画知识和技能,同时也具备了一定的辨别认知能力和创造力。而绘本夸张的构思、精妙的图画、童趣的语言,在孩子的眼里是富有吸引力的,可以开启孩子的想象,培养孩子的阅读兴趣,提高孩子的表达能力。

本课程理念:快乐阅读,滋养心灵。本课程选择适合低年级儿童的绘本,开展多种形式的阅读活动,激发儿童的阅读兴趣,引领他们去欣赏、感知画面的美,并透过画面和文字去感受绘本所传递的力量,读懂其中蕴含的道理,以获得心灵的滋养和生命的成长。在此过程中,让儿童初步学习正确的阅读方法,提高孩子的文学鉴赏力、语言表达能力,培养孩子的观察力、逻辑思维能力。

第一章　课程即自然生长

课程目标

1. 学习正确阅读绘本的方法,初步形成读图和阅读文字的能力,对绘本读物产生浓厚的兴趣。
2. 能融入绘本的故事情境,进行恰当的创作,提升想象力和语言表达能力。
3. 通过画面和文字感受绘本中蕴含的道理,获得心灵的滋养和生命的成长。

课程内容

本课程以快乐阅读为中心,包含四个主题:

主题一:养成好习惯

通过《我自己吃饭》、《小虎哥翻翻书》、《图书馆的狮子》等绘本的阅读让学生认识到从小应养成哪些好习惯,以及养成好习惯的重要性。以小组合作的形式,指导学生表演绘本,提升其行为意识,逐步培养学生良好的行为习惯。

主题二:可爱的植物朋友

引导学生仔细阅读图文,了解各种植物的外形特征及其实用的价值,让学生亲近植物,热爱植物。指导学生选一种植物配上图片和文字做简单的介绍,进行绘本的创作,培养学生的想象力,观察力,提升学生的语言表达能力。

主题三:从小爱科学

引导学生从绘本中探寻科学的秘密,汲取科学知识。尝试让学生说一说,做一做来走近科学,理解科学,使学生在潜移默化中掌握知识,引发思考。

主题四:懂得感恩

通过相关绘本的阅读让学生明辨是非,明白道理。创设一定的情境,让学生演绎书中人物,切实地认识到不能只知索取,不懂付出。教育学生要礼让同学,尊敬师长,孝顺父母。

课程实施

本课程共计 15 课时，教学采用图片资料，多媒体课件等。主要面向一年级学生，以班级为单位开展活动。安排教师讲课，学生阅读绘本、演绎绘本，创作绘本等活动。在课程实施过程中，我们采用如下方法推进：

（一）参与式

引导学生参与到挑选绘本中，参与到编写故事中，想出与作者不同的、更有意思的情节，参与到分享故事中，把自己的感悟告诉大家。

（二）开放式

根据需要安排不同的场所，如教室、阅览室，学校的花园或别的地方。

（三）互动式

学生之间互动：交流图书，交流读后感，合作创作新书等。
师生之间互动：在网上、课上、课余互动，互相启发。

（四）拓展式

通过阅读内容去延伸拓展。如：直接在"绘本"的留白处写写画画；在扉页处写自己的前言；在校园网的"快乐阅读"园地里发表文章；根据书中内容编故事、讲故事、演故事等。

（五）讨论式

和学生们在讨论中交流分享，在讨论中共同完成读书之旅；通过讨论去了解其他的书，激发阅读更多书的热情。

课程评价

绘本阅读是一个开放式的,不受时间、地点、形式约束的语文学习方式。对学生实施多元评价,既重视教师的评价,也关注同学的评价;既重视家长的评价,更关注学生自己的评价。这样的评价全面、科学、客观,能更有效地促进学生开展绘本阅读。

(一) 好书推荐卡

学生撰写好书推荐卡,参加评选。

表1　好书推荐卡评选标准

学生姓名	设计新颖(10分)	主题鲜明　理由充分(10分)	图文并茂(10分)	总分

(二) 读书小明星

举行"绘本故事会",发动学生人人读绘本,感受绘本的魅力。

表2　"读书小明星"评分标准

项目	细则	分值	得分	合计
主题内容	主题鲜明,内容积极向上,富有教育意义	4		
表达能力	声音洪亮、口齿清晰,普通话标准,声情并茂,并能有适当的演绎	3		
形象风度	衣着整洁,仪态端庄大方,举止自然、得体	2		
综合评价	由评委根据演讲选手的临场表现和演讲时间要求酌情打分	1		

（三）作品展示法

在读完绘本后，布置学生以画、写结合的方式续编绘本或创编绘本。通过作品展示分享学生的阅读成果，使学生感受成功的乐趣。

（开发者：徐丽云）

课程1-4　走进绘本小世界

适合年级
一年级

课程背景

绘本就是绘画的书本。它以简练生动的语言和精致优美的绘画紧密搭配构成儿童文学作品。它不仅有生动的故事情节，细腻的画笔更是带给读者视觉的冲击与心灵的震动。绘本不仅是讲故事，教知识，而且可以全面帮助孩子建构精神世界，培养多元智能。绘本是发达国家家庭首选的儿童读物，国际公认"绘本是最适合幼儿阅读的图书"。

近年来，随着多媒体技术的快速发展，网络阅读成为重要的阅读途径。受大环境的影响，学生读纸质书的兴趣不够浓厚，即便阅读，也更偏爱色彩鲜艳的图画书，常常不能完整、有序地进行阅读，缺少阅读的专注性；在书目选择、阅读习惯养成等方面有待提高。绘本中细腻的画笔常常能给读者带来心灵的冲击，直白与含蓄，张扬与内敛，常常酝酿在小小绘本的每一个角落，激发学生阅读的兴趣。

本课程理念：感受阅读的快乐，体验绘本的乐趣。通过阅读各种各样的绘本，提升学生阅读的能力，养成良好的阅读习惯，感受阅读的快乐；并通过自主阅读、讨论，提高学生的理解力和想象力，让学生敢于表达。

课程目标

1. 了解不同类型的绘本，在阅读中提高语言表达能力等综合素养。
2. 以各种形式的绘本为载体，学习绘本阅读的策略，更好地理解绘本，感受绘本的内涵。

课程内容

本课程以"绘本阅读"为核心，同时整合《语文》等基础型课程。共5个单元，具体内容如下：

第一单元：阅读绘本

初读绘本，学会用发现的眼睛，去寻找隐藏在绘本中的秘密，并能独立地思考问题。具体内容：能从文字、图画、作者意图方面来读懂绘本。

第二单元：改编绘本

在了解绘本故事内容的基础上说说自己的想法并对故事进行创造性的改编，具体内容：1. 在思考的基础上，能用语言、文字或者图画表达自己的观点。2. 发挥自己的想象力，寻找它那失落的一角，对故事内容进行改编。

第三单元：续写故事

学生利用两节课的时间了解绘本中已经有的故事内容，再结合自己丰富的想象，续写故事没写完的疯狂旅程，最后学生互相点评。

第四单元：自主阅读

学生阅读一本自己感兴趣的绘本，教师指导学生积累好词佳句或自己感兴趣的内容，增加自己的语言素材和内容素材。具体内容：阅读书籍，摘抄词语、段落并上台交流体会。

第五单元：作品展示

展示每个家庭自制的亲子共读统计表，将每天阅读的书籍名称以及在阅读时的收获与感想记录下来，轮流进行图书阅读分享和制作书签活动的展示。

课程实施

本课程共计 16 课时，教学采用各类绘本、图片资料、多媒体课件、音像资料等。主要面向一年级学生，以班级为单位开展活动。安排教师讲课、绘本阅读、畅想体会、观看视频、展览书签等活动。在课程实施过程中，我们采用如下方法推进：

（一）看一看

学生共同参与，挑选一本都感兴趣的绘本进行阅读，下课后可以和同学、家长一起交流阅读的感悟。

（二）讲一讲

选取主要的几本绘本，教师绘声绘色地讲给学生听，学生也可以讲一讲自己读故事的收获。

（三）画一画

摘抄有关故事情节的语句，配以图画，设计成制作精美的手抄报或书签。

（四）秀一秀

选取自己感兴趣的故事，和其他同学合作排成课本剧，揣摩人物当时的心情，体会人物说话时的神态。

课程评价

（一）形成性评价

除了对课堂上表现的即时评价，还包括一些有记录的过程性评价。

1. 出勤情况：出勤率达到 80％以上为优良，60％-79％为合格，60％以下为不合格。

2. 阅读交流：坚持每节课提问交流为优良，偶尔提问交流为合格，从不提问交流为不合格。

3. 作业情况：按时按要求交作业为优良，晚交作业为合格，不交作业为不合格。

4. 小组合作：主动参与小组合作为优良，经提醒能参与小组合作为合格，不愿意参与小组合作为不合格。

(二) 总结性评价

1. 能力考查

对绘本故事口述、续编和创编进行总结性的考查。(1)听故事，结合上课内容口述绘本内容。(2)讲故事，结合课后自己看过的绘本上台讲一讲。

2. 作品展示

将制作、创编的绘本手册进行展示，并评选"最佳作品"、"最佳文创设计"。

（开发者：凌华佳）

课程1-5　快乐小诗人

适合年级
二、三年级

课程背景

古诗是我国传统文化的精粹，经过千百年的沉淀，流传下来的能够选入小学课本里的古诗更是精华中的精华，可谓字字珠玑。它是中华文化的一部分，是学生近距离接触、感受中华文化的一个窗口，是激发学生热爱祖国传统文化的一个切入点。历代名篇不仅内涵丰富，具有很高的审美价值和很强的艺术感染力，而且短小精悍，词句优美,韵体和谐,节奏性强,易读易记。小学古诗兴趣课的教学,对于小学生认识中华文化的丰厚博大,吸收民族文化智慧,提高文化品位和审美情趣,培养热爱祖国语言文字的情感,受到高尚情操与趣味的熏陶,发展个性,丰富学生的精神世界有着举足轻重的意义。

另外,近阶段"关注学科素养,提升品质教学"成为教育界一大热点。古诗作为中华传统文化的精髓,凝结着中华民族数千年的智慧,体现着悠悠历史间社会百态,浓缩着古代人民的思维与情感,如此高纯度且充满美感的精华,需要让学生浸润其中,拓展知识,提升素养,辅助语文学习,培养审美趣味。

基于以上考虑,学校建设"快乐小诗人"兴趣课程,以快乐为宗旨,以趣味为导向,使学生领略古诗独特的艺术魅力。学生吟诵古诗,抑扬顿挫,韵味无穷,不仅可以感受到汉语言的音律之美、古诗意境之美、形象之美,还可以积累语言,走近经典,陶冶情操。

本课程理念:品读国学之精粹,探究古诗之美韵。引导学生走近中华古诗词,感受国学文化的精粹;了解诗人,研读古诗,探究诗歌的韵律美、意境美。通过古诗今诵,使学生乐学国学、陶冶情操,并且树立国家小主人意识,为中华优秀传统经典而自豪。

课程目标

1. 诵读儿歌、童谣和浅显易懂的古诗,熟读成诵,展开想象,获得初步的情感体验,感受语言的韵律美。

2. 通过诵读优秀诗作,熟悉诗歌所表达的内容,初步体悟诗歌内涵。

3. 在诵读中领悟诗情,体会诗人情感,感悟诗歌创造的意境;同时积累古诗,并尝试恰当运用。

课程内容

本课程围绕"快乐小诗人"这个中心议题,以写景为要点,依时令而选材,分"春意生"、"夏荫浓"上下两部分,共细化为8个单元。具体内容如下:

第一章 课程即自然生长

第1单元:《春晓》(2课时)

具体内容:走近春天,尝试运用好词好句说说自己眼中的春天,自由组织语言赞美春天;观看古诗视频《春晓》,直观了解诗歌表达的内容及情感;解析"晓"的含义,感受诗歌意境,并熟读成诵。

第2单元:《春游吟》(2课时)

具体内容:继续品味春天,交流自己课下搜集的关于春天的古诗词或名言名句;复习上节课所学的《春晓》;跟着教师去春游——出示《春游吟》;观看古诗视频《春游吟》,直观了解诗歌表达的内容及情感;教师指导朗读,学会在恰当的位置停顿,感受诗歌意境,并熟读成诵。

第3单元:《风》(2课时)

具体内容:玩猜谜游戏,你来说我来猜;教师给出古诗《风》,请学生们猜猜谜底是什么;说说看,在生活中你见过怎样的风?不同的风又会给人们带来何种不同的感受?观看古诗视频《风》,走进诗歌,了解具体内容及诗歌创作背景;感受诗歌意境,并熟读成诵。

第4单元:《大林寺桃花》(2课时)

具体内容:出示春景图,说说你所了解的春天景物;欣赏桃花,体会桃花非比寻常的美;观看古诗视频《大林寺桃花》,了解诗歌创作的背景,理解每句诗歌的具体含义;说一说,应在什么地方适当停顿;在教师的指导下练习朗诵,和小伙伴试着比赛谁的瞬时记忆力最棒;做做小诗人,尝试通过表演、朗诵,传达出诗歌中大林寺桃花的美。

第5单元:《小池》(2课时)

具体内容:送走春天,夏日悄然而至,学生交流一下春天和夏天的不同以及夏天最具代表的景物;倾听声音,观看图片,感受夏日;观看古诗视频《小池》,观看夏日小池中的泉水、树荫、小池、蜻蜓,感悟具有无限生命力的、朴素自然而又充满生活情趣的生动画面,体会作者热爱生活的感情;我做小导游:通过语言讲解,带领大家感受诗歌意境,在脑海中来场说走就走的"旅行";做做小诗人,学会在合适的地方进行恰当停顿,感受抑扬顿挫的韵律美,并尝试通过朗诵传达出诗歌的美。

第6单元:《所见》(2课时)

具体内容:复习上节课所学的《小池》,比比谁的记性棒;学生自由交流,说说夏日里自己印象最深刻的景或物;出示蝉鸣的声音,感受燥热难耐的夏日;说说自己捉蝉的

23

有趣经历;走近故事《所见》,了解小牧童的天真和童趣;跟读录音,学会停顿;熟读成诵,感受童年夏日无穷无尽的乐趣。

第7单元:《晓出敬慈寺送林子方》(2课时)

具体内容:结合课文《荷花》,观看视频或照片,走近盛夏的西湖荷塘,感受六月西湖莲叶何田田的景象;引出《晓出敬慈寺送林子方》,观看古诗视频,初步了解故事的创作背景,以及每句诗歌的意思;品读诗歌,结合画面,感受盛夏荷塘"接天莲叶无穷碧,映日荷花别样红"的别样美景;学会停顿,读出抑扬顿挫的美感;熟读成诵,通过朗诵,带领学生神游其间,领会诗歌传达的意境,激发学生对大自然的热爱和关注。

第8单元:总结交流(2课时)

具体内容:开展课程学习总结、分组合作、自由讨论;学生交流自己本学期印象最深刻或最喜欢的古诗,说明原因,并做小老师,带领其他小朋友领略自己最爱的古诗;自主交流在"快乐小诗人"课堂上所学到的本领;呈现佳作:运用所学诗歌,尝试说上几句话,由同学和老师分别进行实时评价。

课程实施

本课程共计16课时,教学采用图片资料、多媒体课件、音像资料等。主要面向二、三年级学生,以班级为单位开展活动。安排教师讲课、观看视频、学生品读、赛诗吟诵、诗情画意等活动。在课程实施过程中,我们采用如下方法推进:

(一)启发学习

教师引导学生趣味畅想,随后循趣而引,导入诗歌,并出示图片,联系实景,解析诗歌所表达的内容。

(二)影像学习

教师提前准备好趣味性十足的"爱上古诗"系列短片,使学生在观看视频的同时,不仅激发兴趣,还能生动且详细地了解诗歌的创作背景及诗歌内容。

(三) 吟诵学习

教师组织学生跟随音乐分层次朗诵练习,通过朗诵感受汉语抑扬顿挫的韵律美,在朗诵中感受中国语言的博大精深,感受诗歌意味悠长的无限意境。

(四) 交流学习

学生依据所学所知,交流在"快乐小诗人"兴趣课上的感悟和收获,将零碎的知识进行总结,完成知识输入——内化——输出的过程,使之更具系统性。

在本课程实施过程中,要注意以下两点:一是学生畅想畅谈与教师点拨指导相结合。教学活动中,教师的主要任务是给予引导和解读,教师的作用贯穿于整个活动过程。二是知识和趣味相结合,在教学活动实施过程中,要针对学生年龄及心理特点,以形象、具体、生动、活泼的形式开展活动,努力设计富有趣味性的教学方式让学生们学有所得、学有所乐,使他们在愉悦的氛围中体验古诗的灵动和瑰丽。

课程评价

本课程可采取多样的评价方法,重视学习结果的评价,更重视过程的评价。

(一) 积分制评价

根据学生平时的考勤、提问检测、作业、小组合作情况分别给予相应积分。

表1　积分制评价表

评价指标		分值	评价			
			自评(20%)	互评(30%)	指导教师评价(50%)	综合评价
平时 40%	出勤情况	10				
	提问检测	10				
	作业情况	10				
	小组合作	10				

(二) 展示性评价

依据期末综合评定内容——知识测验、作品展示两大块,分别给予相应积分。

表 2 展示性评价表

评价指标		分值	评价			
			自评(20%)	互评(30%)	指导教师评价(50%)	综合评价
期末评定60%	知识测验	30				
	作品展示	30				

(三) 感悟性评价

期末时,说一说自己在本学期课程学习和小组合作中,分别有什么收获。

表 3 感悟性评价表

学生姓名	评价内容	评价结果(是否符合,符合得★;不符合,不得★)
	通过本课学习,对古诗了解颇多,认识了不少诗人,并能说出其代表性作品	
	在本课学习过程中,了解到不同诗歌表达的不同情感或意境,在诵读中,能领悟到诗人情感并吟诵出情感	
	感知诗歌的韵律美,在吟诵中对国学经典产生敬意及兴趣,乐于自主学习传统经典诗歌	

考评按照自评、互评、指导教师评价相结合的原则进行,最后形成综合评定等级。使学生通过自我评价养成良好的自我反思、自我调整的习惯,使学生在学习中主动设计自我成长的历程,为自己的学习评价承担责任,真正成为评价的主人、学习的主人。

(开发者:席秋)

课程 1-6　绘本阅读

适合年级
二年级

课程背景

绘本阅读是指学生以绘本为阅读媒介,在和谐的阅读氛围中感受绘本独特魅力的阅读活动。在绘本阅读的过程中,学生搜集信息,认知世界,发展思维,获得审美体验,拓展阅读视野,享受阅读快乐。

绘本,是以简练生动的语言以及精致优美的绘画紧密搭配构成的儿童文学作品。与传统的文字作品相比,它的优势显而易见:文字简短精练,凝聚智慧,彰显作者文学功底;图画精美绝伦,富有内涵,带给孩子们美的享受;图文并茂,相得益彰,促进孩子全方位发展。绘本读物中高质量、高水平的图画和文字对儿童认知能力的提升,想象力的培养,观察力的提高,思维力度的增强,审美情趣的提高,情感体验的丰富有着潜移默化的影响。

阅读是阅读者主动从视觉材料中获取信息的过程,它是人们在理解、领悟、鉴赏等一系列思维过程中陶冶情操、提升自我修养的重要手段。国际阅读学会报告中指出:"阅读能力的高低直接影响到一个国家和民族的未来。有多少公民具备快速阅读的能力,就决定一个国家所拥有的世界级工作者的质量以及在全球经济中的地位。"阅读的重要性众所皆知,阅读是学生学习语言的基础条件,是学生接触世界、认识世界、了解世界的媒介。小学阶段正处于培养和发展阅读能力的关键期,因此,把握学习关键期及时培养学生阅读能力尤为重要。以绘本阅读教学为依托,拓展学生课外阅读面,培养学生的阅读兴趣和情趣,提升学生的文学素养有着重要的实践意义。

绘本阅读教学改变了传统的阅读教学模式,更新了教师的教育观念,旨在挖掘绘本内涵,从不同的维度,多角度对学生进行有效的绘本阅读指导。通过指导与训练,通过多种渠道培养学生良好的阅读习惯,通过阅读带动听说读以及表达能力的全面提高,最终让学生爱上绘本,爱上阅读,在阅读中不断丰厚自己的文化积淀。

本课程理念:快乐阅读,快乐成长。二年级学生处于具体形象思维向抽象逻辑思维的过渡期。这个阶段的学生对世界的认知才刚刚起步，易对新鲜的事物充满好奇心。因此，本课程选取了主题突出、情节有趣、形象鲜明、想象丰富的绘本作为激发学生想象力，培养学生创造力的载体。借助绘本阅读引导学生认识自己、了解自己；借助绘本阅读理解父母、感恩父母；借助绘本阅读走近朋友，体会友谊；借助绘本阅读认识世界，走进自然。在绘本阅读中让学生们由绘本慢慢走进生活，认知世界，发展思维，拓展视野，享受快乐。

课程目标

1. 通过参与多种形式的阅读活动，对绘本阅读产生阅读兴趣，懂得感受美、欣赏美。

2. 在绘本阅读的过程中，能读懂绘本故事背后所蕴含的道理，获得心灵的滋养和生命的成长。

3. 在绘本阅读的过程中，学习并掌握绘本阅读方法，培养观察力、逻辑思维能力，提高语言表达能力。

课程内容

本课程主要包含四个主题：

主题一：你认识我吗？

小朋友在成长发育中会处在一个自我认识的过程里，在这过程中会遇到各种各样意想不到的烦恼和好奇。学生通过"你认识我吗？"这一主题的绘本探索逐步对自我有一个明确的认识，同时借助自我认知类绘本的阅读了解在成长过程中如何克服困难，勇往直前。

第1单元：我是个乖小孩(4课时)

具体内容：《生气汤》、《苏菲生气了》、《冬天的温妮》、《好消息！坏消息！》。

第2单元：我要变勇敢(4课时)

具体内容：《我好担心》、《绿眉毛的怪物》、《维利床下的鬼》、《小老鼠的漫长一夜》。

第一章　课程即自然生长

主题二：我们这一家

家是最温暖的港湾，家中父母是孩子最大的依靠。学生通过"我们这一家"绘本主题的探索，可以了解父母在平时生活中不曾表现出的一面，让孩子们能够更加深刻地了解父母的良苦用心。

第3单元：这是我的妈妈(4课时)

具体内容：《我的妈妈真麻烦》、《妈妈心妈妈树》、《我的妈妈》、《做妈妈就是这样》。

第4单元：不一样的爸爸(4课时)

具体内容：《我爸爸》、《我的爸爸真麻烦》、《像爸爸一样》、《比尔的圣诞礼物》。

主题三：我的好朋友

如何将真善美传递给学生，让学生懂得真善美呢？"我的好朋友"这一主题的绘本以一种形象生动、易于接受的方式，将爱与分享这些社会的道理隐藏在绘本故事之中。学生借助绘本的阅读，慢慢学会与人交朋友，分享与合作。

第5单元：我们是好朋友(4课时)

具体内容：《兔子先生的麻烦》、《大嘴狗》、《敌人派》、《天使的笑脸》。

第6单元：我懂得分享(4课时)

具体内容：《小猩猩》、《卢森堡公园的一天》、《跳舞》、《小凯的家不一样了》。

主题四：我热爱的世界

绘本是学生认识世界、了解世界、自我成长最有效的方式。通过"我热爱的世界"这一绘本主题的探索，不仅能让学生了解有趣的大自然中的各种自然现象，还能帮助他们了解另外一个奇妙的想象中的世界，而这正是绘本的奇妙之处。

第7单元：有趣的大自然(4课时)

具体内容：《下雨了》、《下雪天》、《我看见一只鸟》、《黄色的小番茄》。

第8单元：世界真奇妙(4课时)

具体内容：《疯狂星期二》、《世界的一天》、《环游世界做苹果派》、《小房子》。

课程实施

本课程每周1课时，一学期共计16课时，一学年共计32课时。教学采用自编教

材、多媒体课件以及音像资料等。主要面向二年级学生,以班级为单位开展教学活动。在课程实施过程中,我们采用如下方法推进:

(一) 观察式清晰阅读法

在绘本中,文字和图画共同承载着叙事的重要责任,文字和图画之间是相互平衡、相互衬托的关系。在绘本阅读教学中,需要调动学生的观察力,清晰地阅读绘本的文字和图画之间潜藏的各种细节。因此观察式的清晰阅读法,为读懂绘本提供了有效的保证。

(二) 想象式深入阅读法

绘本能给儿童提供无限的想象空间,而丰富的想象空间则让绘本作品更加丰满。我们尝试以不同的方式进行想象,拓展想象的维度:预测故事、设疑想象、合理联想等等。借助想象激发学生强烈的阅读兴趣;借助想象培养学生主动学习的能力;借助想象培养学生质疑、猜想和预测等主动学习的能力。

(三) 情境式探究阅读法

在绘本阅读教学中创设情景,尝试运用角色扮演等方法,以游戏的方式开展教学活动。让学生主动参与到绘本故事中去,在游戏情境中对绘本故事发表不同的见解,促进学生的理解力及语言表达,更深入地了解绘本。

(四) 生活式感悟阅读法

通过阅读绘本,儿童不断进行着情感的体验,凭借着阅读,情感得到了提高和升华。儿童在与绘本进行心灵对话中,在闪烁着人性光辉、充满大自然和谐和童真童趣的字里行间徜徉时,必定会开阔眼界,丰富内心,升华境界,健全人格。

(五) 游戏式创编阅读法

绘本作品是富有创意的文学作品,因此在进行绘本阅读教学时,教师要有创意地教,学生要有创意地学。绘本创编的过程是学生自我内化绘本内涵后的外显行为。这种创意性的阅读绘本,尝试自己用文字和图画自创绘本将趣味性、创造性融于一体。

在本课程实施过程中,要注意以下两点:一是学生自主阅读体验与教师点拨指导相结合。绘本阅读教学活动应以学生为主体,切忌以教师的主观感受代替学生思考。二是多种教学方法相结合。在教学活动实施过程中,要针对学生年龄及心理特点,以形象、具体、生动、活泼的形式开展活动,努力选择富有趣味性的教学方式,让孩子们学有所得、学有所乐。

课程评价

本课程采取多元化评价方法,既要综合考察学生绘本阅读过程中的感受、体验和价值取向,又要考察学生的阅读兴趣、方法和习惯。本课程对学生的绘本阅读情况进行多角度的评价,重视学习结果的评价,更重视学习中的过程性评价;重视教师的评价,更重视教学中学生之间的互评、自评等交互性评价。

对学生的评价分别从"学习情感、学习方式、学习能力、学习效果"四方面进行综合测评。考评按照自评、互评、指导教师评价相结合的原则进行,最后形成综合评定等级。其中,自评权重为20%,互评权重为30%,指导教师评价权重为50%。

(开发者:李超)

课程 1-7　开心牧场

适合年级 一年级

课程背景

在牛津版小学自然课本中,每册书中都有关于动物的内容,例如一年级第一册中的《各种各样的动物》、二年级第一学期中的《动植物的栖息地》，但是学生接触动物的机会很少；即使他们去参观动物园、海洋馆，也只是和动物有个浅层次的接触，而没有深层次的互动交流，远远不能满足他们的好奇心。教授这些内容时，教学方法大多是通过教师的讲解或者观看视频来完成，教学效果并不是很好，因为学生和这些小动物之间没有直接的联系，学生缺乏直观的感受，只是停留在表面，所以在情感目标上甚是欠缺。

其实儿童对动物有天然的亲近感，他们对动物世界充满了好奇。在讲解《动植物的栖息地》过程中，教师播放了纪录片《地球脉动》第一集《从南极到北极》，学生看得很投入，对里面的小动物很痴迷，所以在力所能及的条件下，教师还是应给学生多创造一些接触小动物的机会，他们的收获将超过教师的预期。

本课程理念：培养学生的动手实践能力，培养学生做事的恒心和意志。通过饲养小动物的实践活动，掌握几种常见小动物的饲养方法，了解动物生长的规律，积累动物养殖的经验，从中获得积极的劳动技术感受，体验人与动物的密切关系；结合本校天然的优势设计课程：首先，学校教学楼附近有一块规划精良的菜园，有许多蔬菜和花卉，一年四季生机勃勃，是学生最喜欢的观赏之地；其次，本校苏秋兰老师还开发了校本课程《开心菜园》，开设种植课程。

课程目标

1. 了解几种动物的习性。
2. 能循序渐进地学习养殖的方法，锻炼和培养学生的动手能力。
3. 通过亲近自然，培养学生热爱自然、热爱生物、珍惜生命的理念。

课程内容

本课程以"小动物养殖"为主要内容，同时整合《自然》等基础型课程。共3个单元，具体内容如下：

第1单元：相约羽化成蝶（4课时）

学生交流、观察，了解蚕一生的不同阶段的特点，了解蚕幼虫期生长过程中的一些规律。学生经历饲养小蚕的过程,描述蚕生长的大致过程,能仔细观察、比较发现蚕不同阶段有什么特点。通过实验和数据分析,研究蚕幼虫期生长过程中的一些规律。能很好地饲养小动物,珍爱生命,体会对小动物的关爱。了解各种动物的一生是复杂多样的,认识到生命活动的丰富多彩。

第2单元:牵着蜗牛去散步(3课时)

学生了解蜗牛能对外界的刺激产生相应的反应,如触角伸缩、身体缩进壳内来躲避危险,了解蜗牛的运动、身体构造等方面知识。能充分利用手头材料合理设计实验,学会合作探究。观察蜗牛的运动,发现蜗牛运动中蕴藏着的奥秘,与同学分享。

第3单元:一条鱼儿水中游

学生了解金鱼生长过程中的一些规律,经历饲养金鱼的过程,描述金鱼生长的大致过程,能仔细观察、比较发现金鱼不同阶段的不同特点。

课程实施

本课程两周1课时,一学期共计7课时。上课地点为自然实验室和学校菜园。教学采用自编教材、互联网、多媒体课件、音像资料等。该课程主要面向对小动物养殖有兴趣的学生,主要以2人小组的形式开展学习。在课程实施过程中,我们采用如下方法推进:

(一)观察法

观察法是指研究者根据一定的研究目的,制定相应的研究计划,通过感觉器官和辅助设备,对处在自然状态下的研究对象进行系统考察,从而获得信息资料的一种科学的研究方法。

本课程中要养殖的小动物,无论是蚕、蜗牛,还是金鱼,都需要运用观察法,让学生近距离接触并了解这些小动物的生活习性、成长规律、不同生长阶段的特点。

学生通过看、听,甚至触摸等感知行为直观地了解动物,在此基础上进行分析研究,运用思维器官积极思考,观察是一个既在看又在想的过程。

（二）问题发现法

　　杜威倡导"做中学"，主张教师应让学生从做中学，在做中思维。他认为教学应该培养学生具有探究的能力和习惯。在教学过程中，让学生在分析数据的基础上主动发现问题，并思考产生这些问题背后可能的原因，引起学生的思考，激发学生探究的兴趣。让学生有一个真实的情境，同时有一个对活动本身感兴趣的连续的活动，在这个情境内部产生一个真实的问题，让它成为思维的刺激物。

　　科学学习也要为学生创设这样的学习情境，在本课程中，学生在饲养小动物的过程中会基于日常经验，同时会在经验的基础上进行验证，或者出现新的状况、新的认识。

　　本课程不仅注重让每个学生都亲历体验探究活动，而且注重学生的语言表达。根据之前的教学心得，学生有强烈的表达欲望，尤其是出现令人意想不到的实验结果时。在表达的过程中，学生能够做到仔细体会，通过语言来表达出感受。因此，通过引导学生分析这些感觉产生的原因或这些感觉说明什么，学生对饲养动物过程中的体会将更深刻，将更愿意进行深入的思考。让学生在比较轻松愉快的体验活动中完成饲养小动物相关科学知识的学习，并在体验探究过程中锻炼语言表达、实验分析能力等。实现了在活动中提升表达能力，在表达中促进活动的有效性开展，达成了活动与表达相结合。

　　本课程注重学生的自主学习，课程的大部分知识都是让学生通过体验探究和实验探究来获取的，其主要的科学知识也都是学生在自主体验、交流中获得的；并且实践中一些操作上的注意事项也是引导学生自己发现、自己阐述，这让学生在课堂中的主体性得以体现，其主体性地位得以保证。同时结合教师的指导，通过提问关键性问题，提高学生自主体验与实验的目的性和有效性。通过引导学生对现象的分析，促进学生在自主体验活动中对科学知识的掌握。

课程评价

　　本课程采用多样的评价方式，更客观地对学生的学习做出评价。如表1、表2所示。

第一章 课程即自然生长

表1 学生学习自评、互评评价单

班级＿＿＿＿ 姓名＿＿＿＿
优—★★★、良—★★☆、合格—★☆☆、须努力—☆☆☆

评价目标	评 价 内 容	自评	互评
科学态度	对学习内容有兴趣，乐于探究	☆☆☆	☆☆☆
	能够围绕学习内容进行思考和猜测	☆☆☆	☆☆☆
	尊重事实，敢于提出不同的意见和建议	☆☆☆	☆☆☆
	乐于和小组成员合作并分享自己的发现	☆☆☆	☆☆☆
科学探究	正确完成实验操作，得出实验结论	☆☆☆	☆☆☆
	能根据实验现象，正确完成实验记录单	☆☆☆	☆☆☆
	通过多次实验后，归纳总结实验结论	☆☆☆	☆☆☆
学习习惯	我能参与养殖的活动	☆☆☆	☆☆☆
	我能遵守课堂规范，安全使用器材和工具	☆☆☆	☆☆☆
学业成果	我能完成老师在课堂上布置的制作任务	☆☆☆	☆☆☆
总得★数			

在哪些方面我还需要努力：

表2 教师对学生小组的评价表

评价对象（填写组别）	评价维度	评价内容	评价结果（是否符合，符合得★；不符合，不得★）
	科学探究能力	小组代表在饲养小动物和展示成果的过程中，能根据要求要点，表达饲养中获得的知识或者启示的地方，或反思做得不到位的地方	
		在教师所布置的饲养任务和记录任务中，小组能分工明确、合作密切，并及时进行记录，标出得到验证的知识或者有疑问的地方	
总得★数			

（开发者：李淑凤）

课程 1-8　校园植物大发现

适合年级　三、四年级

课程背景

随着近年来上海市城区生态绿地的迅速发展,学校、生活小区,随处可见各种植物。如果对这些生长在学生身边的植物一无所知,爱护绿化只能是一句口号。植物和人类生活关系密切,只有通过学习常见植物的相关知识直至能辨认身边的植物,才能真正了解植物,贴近自然,真正做到自觉地呵护我们的生态环境。

植物,特别是绿色的植物,是地球生物圈中最有活力、最为主要的部分,在生态系统中起着最重要的作用。生物有机体仅占整个地壳的1%,而植物却占生物有机体的99%。开展常见植物识别系列实践活动,是保护生物多样性最好的典范。

本课程理念:通过在学校开展"校园植物大发现"系列实践活动,从小培养学生"学科学、爱科学、讲科学、用科学"的精神;培养学生的思维力、创造力;培养学生热爱生活、保护生态。

课程目标

1. 能循序渐进地学会识别植物的必备知识和方法,发展观察能力和思维能力。
2. 在植物摄影的实践和探索中,感受科学性和艺术性的结合之美。
3. 在校园植物挂牌的实践活动中,感受生活、感受校园、感受生态环境。

课程内容

本课程主要以"校园植物"为核心载体,并搭配形式多样的课程内容,使学生能够尽可能多地认识植物,了解植物。本课程主要分为4个单元,具体安排如下:

第一单元:走进校园,走进植物世界(2课时)

第一章 课程即自然生长

第一节：走进校园——初探植物世界(1课时)

第二节：走近林奈——解密植物分类的起源(1课时)

此单元共2个课时，第1课时主要以校园实景为载体，组织学生走进校园驻足观赏校园内的植物，初步探知植物世界，与植物进行近距离的亲密接触，激发学生对植物世界的好奇心与求知欲，并在观赏结束后组织学生就"初探植物世界我来说"进行交流。第2课时主要以影像资料和文字资料为载体，带学生走近植物分类学的创始人林奈，初步了解植物学的起源，开启探知植物世界的大门。

第二单元：植物家族大解说(4课时)

第一节：灌木家族(1课时)

第二节：乔木家族(1课时)

第三节：草本家族(1课时)

第四节：植物家族大秀场(1课时)

此单元共4个课时，前3个课时主要借助实物及图片资料进行植物分类的理论学习，使学生能够对植物的三大家族有初步的认识。在3个课时理论学习的基础上，第4课时组织学生以4人一组小组合作的形式，自由选取一个植物家族，在校园内找到相应植物家族的植物，并进行展示交流。

第三单元：植物成员我来识(5课时)

第一节：植物的命名法则(1课时)

第二节：植物的结构特点(1课时)

第三节：植物的识别方法(2课时)

第四节：植物识别大比拼(1课时)

此单元共5个课时，前2个课时主要以讲授的形式进行图文并茂的理论学习，通过理论学习使学生初步了解植物的命名法则，植物的结构特点。第3、4课时以校园植物为载体，通过观察植物的结构特点，学习和掌握植物的识别方法，并结合植物特有的结构特点，探究如何更好更快识别植物的方法。最后一课时，结合"植物识别比赛"，以书面答题的比赛形式组织学生开展植物识别大比拼。

第四单元：校园植物我来晒(7课时)

第一节：植物之美我来拍——植物摄影(2课时)

第二节：植物生长我来画——自然笔记(1课时)

第三节：植物名片我来做——植物挂牌（2课时）

第四节：植物名录我来编——名录编写（2课时）

此单元共7个课时。第1课时主要结合摄影作品欣赏学习植物摄影的方法与技巧；第2课时在理论学习的基础上，在校园内组织学生开展植物摄影活动，并进行摄影作品展示；第3课时介绍自然笔记的制作方法，同时介绍部分植物的生长过程，启发学生理解如何观察植物生长并制作自然笔记；第4课时介绍植物名片的制作方法，学生自由选取部分校园植物，以计算机课为载体进行植物名片的制作；第5课时组织学生将自己前期制作完成的校园植物名片进行逐一挂牌；第6课时介绍植物名录的编写方法，学生尝试以小组合作的形式进行植物名录的编写；第7课时指导修改植物名录，并进行分类整理成册。

课程实施

本课程每周1课时，一学期共计18课时。上课地点为阅览室及校园。教学采用实物、多媒体课件、影像资料等。面向对校园植物感兴趣以及热爱自然的学生。课程教学形式多样，主要有集体授课、小组活动展示、个人活动展示等。在课程实施过程中，我们采用如下方法推进：

（一）知识搜索

教师通过多媒体课件、实物、影像资料等多种方式，带领学生走进多彩的植物世界，唤起学生对植物世界的好奇心。通过理论学习认识林奈，认识植物学的起源。借助实物及图片资料对植物的分类进行理论学习，使学生能够对植物的三大家族有初步的认识；初步了解植物的命名法则，植物的结构特点。

（二）实地解码

以本课程的第二大学习场地——校园开展理论联系实际的参观学习活动。包括让学生在了解植物家族的特点后，自由选取一个植物家族，在校园内找到相应植物家族的植物；通过观察校园内植物的结构特点，学习和掌握校园内植物的识别方法。在理论学习的基础上，让学生在校园内进行参观学习，从而将所学的知识运用到实际的认识植物和识别植物中，进而使学生学得更精彩、学得更有意思。

(三) 合作探秘

本课程含有部分走进校园植物的课堂活动及相关的课堂交流活动,为了能更有效地组织开展以上活动,将以小组合作的形式开展,教师布置好相关的活动任务,让小组成员带着任务去自主学习。如:学生以 4 人小组合作的形式,自由选取一个植物家族,在校园内找到相应植物家族的植物,并进行展示交流。

(四) 拓展活动

结合校园环境美化和相关市区级比赛,将课程评价及学生学习成果展示融入到各类活动及校、区、市等各级比赛中。如:结合"植物识别比赛"以书面答题的比赛形式组织学生开展植物识别大比拼;组织学生将自己前期制作完成的校园植物名牌在校园内找到相应的植物逐一挂牌等。学生既能够在内容丰富、形式多样的课程中有所学、有所用,更能够获得直接的课程学习成果性评价,学得带劲、学得有意义。

课程评价

本课程采取多样的评价方式,重视学生成果性评价的同时,更注重对学生过程性的评价。在开展的系列实践活动中,重视开展组与组、学生和学生之间的互评和自评,鼓励学生以个人、小组的形式积极参与到各类活动中,并在活动中充分表现自己。注重课程评价标准的细致化,综合运用多种评价形式,倡导评价的多元化。

本课程主要采用课程成果评价法,具体评价如表 1 所示:

表 1 "校园植物大发现"评价表

评价内容	评价标准	评价形式
"初探植物世界我来说"	① 表述切题 ② 表达清晰流利 ③ 仪态自信	采取摘星制:达到一项标准得一颗星,共 3 颗星
"植物家族大秀场"	① 小组任务分配得当 ② 展示内容正确无误 ③ 展示内容图文并茂 ④ 表达落落大方	采取摘星制:达到一项标准得一颗星,共 4 颗星

续 表

评价内容	评价标准	评价形式
"植物识别大比拼"	要求掌握50种以上植物,准确说出植物类别,根据植物图片正确书写植物名称	采用比赛制(得分制): ① 校级初选:按照分数高低排序,取5%的优胜者参加区级比赛 ② 区级复赛:按照分数高低排序,评出市级一、二、三等奖
"植物摄影展示"	① 科学性为主,兼顾艺术性 ② 注意植物繁殖器官(花、果实)的拍摄,考虑局部与整理关系 ③ 标明拍摄时间、地点 ④ 一张照片一个主题	采取展示评比制: 三—五年级每班选取3份优秀作品参加校级展示评比,由学生投票选出"我最喜欢的作品",评出金、银、铜奖,并推送区级评选
"自然笔记我来画"	用图文并茂的手绘方式记录植物生长的过程。要求根据指定主题,选取固定植物,记录其春、夏两季的变化,画出植物生长的相关特征并用简练的语言进行描述,作品采用A4纸提交	采取教师评比制: 三—五年级每班选取2份优秀作品参加校级展示评比,由自然老师、美术老师作为评委组采用打分制评出一、二、三等奖,并推送参加区级、市级评比
"植物名录我来编"	要求定名正确、学名书写正确,附图者加分	以学校科技组为单位,在教师的指导下编写校园名录,推送区级评选

(开发者:张群)

课程即自然生长 2

第二章
课程即美丽行走

孩子们走出课堂、走出校园,行走在富有阳光的浓绿中,行走在殷殷盼望的期待里,行走在时刻萦绕的关怀下,孩子们从青涩的小苗慢慢蜕变成青青的小树,再逐渐地扎根、滋润、丰富、充盈,直至成长为挺拔的大树。原来,行走是一种学习方式,也是一种精神体验。

小脚丫课程

课程即美丽行走 1

"学习"二字,最早出于《礼记·月令》。"鹰乃学习":"学",效也;"习",鸟数飞也。充满稚气的娃娃们自懵懂中跨入校园,恰如小鸟展开翅膀反复学飞。学习的目标固然远大,沿途的风景并不单一,全方位的架构、多角度的设置,让学习的过程也变得丰富而有趣。

世界上有那么多聪明的人,呕心沥血创造了这么多美丽的、好玩的东西。学会欣赏它们,是一件有趣的事情。学校丰富的课程设置,给孩子们打开了一扇门,领略与传统课程不一样的风景,并带领孩子们行走在通往艺术的道路上。孩子们可以徜徉在大鼓、小鼓、京鼓、腰鼓之间,伴随着鼓韵声声,用鼓点的轻重起伏述说心情;孩子们可以徘徊在一个个精美的陶艺作品中,感受集绘画、雕塑、人文等于一体的综合性艺术,用耐心、细心、技巧塑造心灵的诉求;孩子们可以舞动在江小的校园,用优美的歌声、灵动的舞姿、激情的汗水、高昂的热情表达最直接的情感体验。

更为令人感动的是,除了课程设置和校园文化对孩子们艺术的熏陶和浸染,我们的孩子能够走出校园、走出课堂,来到大自然、体验真实的家乡,感受生我养我育我的家乡的美丽。通过游学课程,我们的孩子在行走乡里间、行走街衢间、行走乡亲间有了真真切切的美丽体悟,这种体悟所衍发的对于家乡的深切情感,是课堂中的任何语言所不能代替的。

诚然,行走的过程一定不是一帆风顺的。但是,行走在富有阳光的浓绿之中,行走在殷殷盼望的期待之中,行走在时刻萦绕的关怀之下,我们的孩子将会从青涩的小苗慢慢蜕变成青青的小树,再逐渐地扎根、滋润、丰富、充盈,直至成长为挺拔的大树。我们的老师也会从匆忙的步履中放缓节奏,体会到些许丰盈的诗意,提升个人人文情怀。行走,是一种学习态度,也是一种精神历程。

从根本上说,教育的本质就是关怀"人的生长、发展及幸福"。我们希望用自己的努力让孩子们感受到些许艺术给生活带来的美感与点缀,用自己的智慧让孩子们保持一种"人与大自然之直接而真实的关系",用自己的汗水让孩子们坚守心里最深层的原初澄明。美丽中的行走,行走中的美丽,让课程回归自然,让教育回归本质。

课程 2-1　快乐玩水墨

适合年级 一、二、三年级

课程背景

水墨画是中国汉族特色较强的一种绘画艺术形式，借助具有本民族特色的绘画工具和材料（毛笔、宣纸和墨），表现具有意象和意境的绘画。其特征主要有两个方面，一是从工具材料上来说，水墨画具有水乳交融，酣畅淋漓的艺术效果。具体地说就是将水、墨和宣纸的特征完美地体现出来，如水墨相调，出现干湿浓淡的层次；水墨和宣纸相融，产生溅湿渗透的特殊效果。二是水墨画的表现特征，由于水墨和宣纸的交融渗透，善于表现似像非像的物象特征，即意象。现在的小学生对传统的水墨画不大了解，如能在课堂中引导他们欣赏水墨画作品，并进行水墨画技法的尝试，这无疑将对他们的创造力、专注力、审美能力和创作能力等各方面的能力给予综合性的提高，进而激发他们对水墨画的兴趣，陶冶情操，传承中国的传统文化。

本课程理念：注重水墨画创作过程的情趣性、实践性，表现内容的自由性和评价标准的多样性，为学生提供开展创造活动最适宜的环境，培养学生的创新精神和实践能力。水墨画教学所蕴涵的积极的教育价值对学生核心素养的培养也起着尤为重要的作用，此外本课程也是对美术等基础型课程的有效补充。

课程目标

1. 了解水墨画的用笔、用墨方法，能够用简单的语言叙述水墨画作品所描述的内容，感受水墨画作品的美。

2. 能够运用毛笔临摹大师的作品，运用学到的技法描绘生活中常见的题材，提升自己的审美素养和情趣。

3. 体会水墨渗化的特异效果，水墨的趣味性，进一步接受优秀民族文化的熏陶，深化对中华民族悠久历史和优秀文化的认同感。

课程内容

本课程在认识"文房四宝"的基础上，初步掌握好玩的墨色、好玩的墨点、好玩的墨线，点和线的旅行和汉字变成画等，主要通过认识水墨画的基础工具，了解毛笔的特性和简单的用笔、用墨，掌握中锋、侧峰用笔的方法。画出浓淡墨色不同的墨点和墨线，画点创作变成画。以快乐玩水墨为中心，包含以下四个主题：

主题一：趣味水墨画

认识"文房四宝"、好玩的墨色、好玩的墨点、好玩的墨线、西瓜的旅行、小圆点大世界，了解水墨画的绘画工具和材料——笔、墨、纸、砚。认识墨有五色——焦、浓、重、淡、轻，并掌握中锋、侧峰用笔的方法。画出浓淡墨色不同的墨点和墨线。掌握用笔方法，画点创作变成画。

主题二：疯狂的动物城

米罗的游戏、鸡年大吉、美丽的鱼儿，通过学生喜爱的动物题材，进一步掌握用笔、用墨的方法。学会欣赏大师米罗的作品，掌握他的用笔、用墨方法。以生活中学生常见的动物形象为载体，学大师创作鸡、鱼，体验水墨作画的乐趣。通过欣赏大师作品，提高审美能力。

主题三：水果大派对

红红的小樱桃、黄梨和苹果、菠萝的旅行，主要在水墨画的基础上，通过国画颜色与墨色结合创作生活中常见的水果。通过用彩墨画生活中的水果，增强水墨画学习的乐趣。

主题四：别样的风景画

京剧人物、江南水乡，通过多种渠道，了解中国传统文化，提升学生的认知能力。用彩墨方法画生、旦、净、末、丑等京剧人物角色。学习大师吴冠中水墨风景的绘画技法进行水乡风景的创作。在熟练的笔墨技法中，学会创作不同风格的作品。

课程实施

本课程每周1课时，共计16课时。上课地点为美术教室。课程主要面向中、低年级对水墨画有兴趣的学生,每班 2 至 3 人。主要以每组 3 至 4 人的形式开展教学,共 16 人左右。教学主要采用《儿童学水墨画》《新表现儿童国画系列丛书》等书籍,网络资源中相关的动物、京剧人物图片,吴冠中、齐白石作品等图片,课件资源。

在水墨画教学中,强调全体学生的参与性,提倡以学生为主体的活动式教学。提倡在学中玩,玩中学,使学生通过参加一系列的水墨画创作,接受艺术熏陶,促进多种能力的综合发展。具体实施方法如下:

(一) 赏一赏

让学生观察大师作品,教师多媒体或者画册展示(吴冠中、齐白石、韩美林等大师作品及水墨画书籍),主要注重对学生审美能力的培养,加深对水墨画元素的认识。

(二) 说一说

学生分组说说大师作品的墨色运用及用笔技法,教师进行分析指导,提升学生的观察和语言表述能力。

(三) 玩一玩

学生学习大师的墨色方法,并结合生活中常见的题材进行自主创作,关注学生的创意性、想象力。

(四) 秀一秀

学生分组展示作品,引导学生彰显个性,能够对自己作品及他人作品进行评价,并通过自评互评提升自己的审美能力和语言表达能力。

在本课程实施过程中,要注意针对学生年龄特点循序渐进地开展水墨画教学:水墨画有工笔和写意两种,题材广泛,包含花鸟、任务、山水等。本课程主要进行花鸟和身边事物的教学,这种方式贴近学生的日常学习生活,易操作,学生能快速体验成功的乐趣。水墨画学习最重要的是参与学习的过程,在整个课程设计的过程中,应注意观察学生的学习习惯、态度,帮助其体验学习的快乐。

课程评价

遵循教育的自身规律,从基础的水墨画技能学习,拓展到对大师作品的鉴赏,以及对传统文化的学习、认同,能够联想添加、想象创造,为学生提供自主探索、合作交流、实践创作、展示评价等多样化的学习方式。加强教学过程中的师生互动、生生互动,使课堂充满生命活力,从而促进学生的综合素养与个性发展。基于以上原则和理念,具体评价方法如下:

(一)"小小水墨家"评选活动

教师定期举办绘画比赛,让学生在规定时间内完成相同主题的绘画,参与对象是全体学生,要求学生能够熟练用笔、用墨画出漂亮的水墨作品,比赛的作品采取等第制评价,最好的为 A,其次为 B、C。

表1 参与绘画比赛记录表

学生姓名	参与比赛次数	获得等第	成绩

(二)展示性评价

教师定期举办画展,参与对象是全体学生,要求学生能够正确表述水墨画作品中的用笔用墨颜色,提高学生的语言表述能力和审美素养。教师通过学生的参与情况,用等第制记录学生是否能够用语言正确描述作品,是否能够欣赏水墨画作品。最好的为 A,其次为 B、C。

表2 参与画展及评述水墨画作品记录表

学生姓名	参与画展次数	获得等第	成绩

（三）水墨画达人（积分制评价）

教师定期举办画展和比赛，参与对象是全体学生。要求学生能够熟练掌握中锋、侧锋运笔，用墨画出墨色浓淡适宜的水墨作品。教师通过学生的参与情况，用积分制记录学生的综合成绩。

表3　水墨画达人评价表

学生姓名	参与画展与比赛各2次（得5分）	参与画展与比赛各1次（得3分）	参与画展1次（得1分）

突出学生的自评：让学生成为评价的主人，通过自我参照、自我反思，进行自我评价；参照他人的评价进行自我评价。让学生通过自我评价养成良好的自我反思、自我调整的习惯，使学生在学习中主动设计自我成长的历程，为自己的学习评价承担责任，真正成为评价的主人、学习的主人。

（开发者：黄方艳）

课程2-2　小小美术家

适合年级　三、四、五年级

课程背景

美术不仅是一门技能课，也是对学生进行美育实施素质教育的重要途径，对于陶冶情操，启迪智慧，促进学生全面发展，具有极其重要的作用。儿童通过美术创作与表现,可以充分表达自己的内心情感和对外部世界的感受。他们以敏锐的观察力、丰富的想象力,把见到的有趣的事、人物、动物、环境、大自然,用手中的画笔,以不同的绘画内容,如：漫画、人物画、山水画、静物、科幻画等表达自己的内心世界。

小小美术家兴趣小组,在于培养学生对美术的兴趣、爱好,增长知识、提高技能、丰富学生的课余文化生活,为今后培养美术人才起着积极的推动作用。

本课程理念：通过儿童绘画班的活动,使学生的绘画特长得到更好的发展,使学生进一步了解美术的基本知识,培养绘画兴趣,提高学生的欣赏水平及创造能力。

课程目标

1. 能够循序渐进地学习绘画的基本知识和工具材料的使用方法,感知自然事物和美术作品的形式美、内容美,提升观察力、想象力、思维能力。

2. 能够逐步展开想象,进行比较,开展绘画创作,创造性思维与创新意识得到发展,自信心得到增强,获得不同层次的成就感。

3. 激发学生对绘画创作产生兴趣,努力提高自身的审美趣味,关注生活,培养爱祖国、爱学校、爱生活的情感。

课程内容

本课程以培养学生的美术知识与技能为基础,通过美术欣赏与一系列练习,培养学生的美术观察力和绘画表现力,并在练习中培养学生的艺术素养。包含以下六个单元,具体内容如下：

第一单元：美丽的绘画世界

通过欣赏与讲解,感受美丽精彩的绘画世界,理解绘画的种类,绘画的不同风格与流派以及发展脉络,让学生体验绘画特有的艺术美。

第二单元：彩铅绘世界

通过欣赏与讲解,引导学生了解铅笔画、彩色铅笔画的工具、材料和制作过程,体验铅笔画学习的乐趣,获得对铅笔画的持久兴趣;掌握铅笔画特有的艺术语言和表达方式,能借此表达自己的情感和思想,美化环境与生活。

第三单元：油彩乐园

认识油画棒和蜡笔等工具的种类与特性，掌握油画棒和蜡笔的表现技法。通过欣赏与讲解，引导学生尝试用油画棒和蜡笔表现世界，体验绘画表现与创作的乐趣，获得对油画棒绘画的持久兴趣；能借此表达自己的情感和思想，美化环境与生活。

第四单元：认识颜料

认识水彩画、水粉画颜料等工具的种类与特性、材料和制作过程，通过经典水彩画和水粉画的鉴赏与学习，感受水彩画、水粉画特有的艺术美，能够在老师的引导下学习用水彩水粉画颜料临摹或创作水彩水粉画作品，体验颜料表现绘画的乐趣，获得对水彩画、水粉画的持久兴趣；通过水彩画、水粉画的绘画语言表达自己的情感和思想，美化环境与生活。

第五单元：精彩剪纸

通过作品欣赏、课堂实践等途径，通过"看、想、议、画、评、玩"等基本方法，了解剪纸的知识。学习利用刀刻、手撕、剪刀剪等方式表现剪纸作品。学习有创意地布置绘画作品，尝试展示学习成果，评议及交流学习心得，培养良好的美术素养。

第六单元：创意天地

通过优秀作品欣赏、主题创作实践等途径，利用借鉴模仿、主题绘画元素分析搜集、构图色彩创意表现绘画作品。尝试展示学习成果，评议及交流学习心得，培养学生丰富的创意思维和良好的美术素养。

课程实施

本课程每周1课时，一学期共计16课时，一学年共计32课时。面向三至五年级的美术特长生和美术兴趣爱好者等学生，以江桥小学艺体综合楼美术室为固定活动场所，利用多媒体设备、绘画示范挂图讲解方法展开教学（绘画材料包括铅画纸、彩色水笔、油画棒、水粉画颜料、各种画笔等），进行课堂分组授课。

实施课程以欣赏讨论和示范讲解相结合，临摹和创作相结合，因势利导，因材施教，引导学生发挥个性特长，培养美术后备人才，促进学生全面发展。具体实施方法如下：

(一) 欣赏与讨论

在教学过程中,通过欣赏分析中外名家大作课件和优秀获奖作品,感受优秀作品特有的艺术魅力,寻找绘画创作的亮点,讨论作品存在的不足和提升空间。这种方法的教学,可以促进学生的艺术感知能力和艺术鉴赏能力的提高,为后续绘画表现与创作指明了方向。

(二) 示范与讲解

由于小学生年龄尚小,不同年级的学生认知水平也不尽相同,他们的绘画表现技法还不成熟,所以老师的示范是必不可少的,老师的示范可以是学生练习时的示范,也可以是对学生作品的纠正与启发,通过老师的示范讲解,可以提高学生的实践能力和动手能力,并在举一反三中进一步启迪学生创新表现技法的产生,从而提高学生的美术综合素养。

(三) 临摹和创作

学习著名绘画大师的作品,临摹也是一个比较好的方法,但临摹并不是对名作的再现与简单模仿,而是寻找绘画创新亮点和突破的模仿,实际上也是创作的一种基础表现形式,由于不同学生接受能力之间存在着差异,并不是所有的学生都必须临摹,接受能力和表现能力强的学生可以直接根据老师的作业要求进行创作。

(四) 展示与评价

每次作业可以通过专题美术比赛或展评的形式予以表现,师生一起观摩与分析,肯定和鼓励每一张作品的优点,并指出不足,引导学生在欣赏学习中提高自身的美术素养。

课程评价

制定以是否具有创新意识为内涵的认知、操作、情感三方面的评价标准,采用多样的评价方法,注重开展学生之间的互评和自评,鼓励学生通过活动充分表现自己。重视学习结果的评价,更重视过程的评价。

表1 儿童绘画表现与创作评价要求与标准(学生表)

序号	课题	欣赏与认知 1A—5A	表现与操作 1A—5A	情感与态度 1A—5A	课程总成绩 1A—5A
第1节	美丽的城市				
第2节	我们的家园				
第3节	多美的风景				
第4节	水乡古镇				
第5节	古镇之桥				
第6节	校园运动会				
第7节	古典园林				
第8节	美丽的花瓶				
第9节	蔬菜水果				
第10节	鲜艳的花朵				
第11节	宁静的海滩				
第12节	色调的处理				
第13节	色彩的冷暖				
第14节	蘑菇城堡				
第15节	好大一棵树				
第16节	陶瓷与水果				
第17节	生肖剪纸				
第18节	过节了				
学期总成绩					

本课程不仅要关注评价的结果,更要关注评价的过程。

1. 评价内容:注重学生的个性和特长发展,以过程为主的、动态的发展性评价,提出注重个体的全面发展与潜能相结合的评价标准。学生在美术学习过程中的感受,学生学习兴趣和获得成功体验等成为评价学生的主体内容。

2. 评价方法：在评价方法上除了观察、调查、考察学习知识成果展示等，重视形成性评价，定期展示学生的作品，激发他们持久的学习兴趣。

3. 教师评价：多加鼓励，多赞扬，注重在学习过程中的评价"学到了什么？""最大的感受是什么？""什么对你的启发最大？"等；激发学生的绘画兴趣，培养创作能力，根据学生在学习中的表现适当评价。

4. 突出学生的自评：让学生成为评价的主人，通过自我参照、自我反思、进行自我评价；参照他人的评价进行自我评价。

（开发者：冯思成）

课程2-3　陶艺DIY

适合年级 全年级

课程背景

玩陶泥是孩子的天性。然而，我们发现有的学生因怕弄脏衣服遭家长批评而不敢放手去玩，有的学生因家中玩具太多而不屑去玩，而更多的学生面对考试的压力和父母的期望，无奈地放弃去玩。面对这些现象，不得不让我们发出感叹：现在的学生不会玩泥巴了！

通过调查，我们还发现现在的大多数学生对民族、民间艺术知之甚少，对自己祖国数千年文明历史的敬仰之情就更无从谈起。鉴于此，为了丰富校园文化，让泥巴重新进入学生的生活，我校以"陶泥"为载体，引导学生"玩中动，动中学，学中想，想中创，创中乐"，从而陶冶学生的高尚情操，成为推动学校特色活动的主体。学生们在参与中感受乐趣，体验自主参与的成就感，巩固道德行为的内化，并充分展示、发挥自己的特长和潜能,激发他们的积极性和创造欲望,使学校德育工作和素质教育活动做到真正意义上的整合。

为了进一步张扬我校的"陶泥"特色,使其上一个台阶,我校开发了"陶艺苑","陶艺工作室"长廊,旨在让学生欣赏并了解陶艺的艺术形式和基本特点,理解并熟悉陶艺的制作流程,进而提高学生的动手能力和创造性思维能力,激发学生热爱艺术的兴趣,增强民族自豪感。

本课程理念:通过引导学生捏、压、卷、叠、雕、刻等方式,让儿童眼能看见,手能触及,心能感受,从而有效激发学生做的欲望,玩的欢乐,创的激情以及技的培养,情的流动,性的陶冶,心的净化。

课程目标

1. 培养学生独立完成一件陶艺作品、及时清洗工具的好习惯,激发其对陶艺艺术的兴趣。

2. 了解陶艺的基本制作方法、泥条盘筑、泥板成型,初步感受陶艺泥与火的魅力。

课程内容

本课程以学习制作陶艺作品为主,包含以下四大板块:

第一板块:《小手动起来》(2课时)

具体内容:了解陶艺制作的工具,初步尝试在陶泥上使用工具。用手"搓一搓",搓出又细又长的泥条;用工具"切一切",陶泥刀能在泥板上切出任意形状;用有凹凸纹理的物品在泥板上"压一压",能压印出美丽的花纹和漂亮的肌理。

第二板块:《生活中的泥巴》(4课时)

具体内容:(1)笔筒制作的方法一。在搓泥条的基础上尝试将搓出的泥条在各种造型的泥板上(圆形、方形、三角新、爱心形等)进行盘筑。(2)笔筒制作的方法二。在完成笔筒造型的基础上学习用泥球、泥片或压印的方法装饰美化笔筒。(3)各种各样的器皿的制作。综合练习笔筒的制作,尝试以制作笔筒的方法创作其他器皿的造型。

53

第三板块:《多姿多彩的大自然》(4课时)

具体内容:(1)花儿朵朵的泥片制作法一。用手掌捏制各种形状的泥球,如圆形、水滴形、椭圆形等,然后用手掌压扁就得到了所需要的泥片形状,将泥片按花朵的生长规律排列就得到了一朵漂亮的小花。(2)花儿朵朵的泥片制作法二。在掌握制作单独一朵花朵的基础上尝试通过组合的方法制作一件壁挂作品。(3)用泥板成型法制作相框。利用切割工具将泥片切成几块长条形并组合成相框的形式装饰花儿壁挂作品。(4)用泥条成型法制作花盆。在学会制作平面作品的基础上尝试用泥条盘筑的方法制作一个花盆,完成立体盆景的制作。

第四板块:《心灵手巧》(3课时)

具体内容:(1)用徒手捏制法制作小动物。学习用窝的方法徒手捏制半圆形,然后添加四肢和头尾。(2)可爱的动物。在学会制作单个动物的基础上根据其他动物特征拓展制作动物群。(3)小小动物站起来。综合创作各种动物、植物,组合或某一场景。

课程实施

本课程每周1课时,一学期共计13课时,一学年共计26课时。在陶艺教室进行授课。以自编教材、互联网、多媒体课件、音像资料等为教学工具和手段,面向对陶艺有兴趣的学生。在课程实施过程中,我们采用如下方法推进:

(一) 启发讲授

通过图片、文字展示陶艺发展史,介绍中国传统的陶艺作品。观察作品造型、艺术语言及创作手法等专业技能特点,启发学生思考并激发创作灵感。

(二) 教师示范

陶艺课堂最有效的教学方法是教师动手示范,学生可以通过现场观察教师的制作过程直观地了解陶艺的创作步骤,并通过教师的提示提高课堂有效性。

（三）作品欣赏

通过欣赏历代优秀陶艺作品或观察同龄人的陶艺作品，分析他们的作品特点，提高学生的审美能力，学习借鉴优秀陶艺作品的好的地方，避免不足之处。历代大师的陶艺作品风格迥异，有的写实细腻，有的粗犷写意，有的兼而有之。通过对各种风格作品的欣赏，可以提高眼界，为创作打下良好基础。

（四）动手操作

发挥想象制作陶艺作品。学习基本制陶技能一个阶段后，结合每节课的知识点，设计课堂创作任务，让学生能学以致用。并将学生的作品进行展示评析，达到复习、巩固强化的目的。通过不同的作品形式来展现陶艺的艺术魅力，检验和提高自己的制陶水平和艺术修养。借鉴历代大师陶艺作品和优秀作品进行模仿创作，在模仿创作中积累经验，为创作打下基础。

（五）拓展活动

结合校园文化活动和相关比赛内容，组织陶艺表演、陶艺现场制作比赛以及组织参观陶艺作品展览等拓展型活动。如在学校艺术节活动中开展陶艺作品展示活动，参加区里陶艺单项现场比赛活动，区级迎六一陶艺展示等活动。根据学生的兴趣爱好，组成陶艺兴趣小组，创作丰富多彩的陶艺作品，开展陶艺展览，美化校园布置"陶艺苑"、"小剧场陶艺展厅"、二楼陶艺长廊等等。在各种实践活动中拓宽学生的艺术眼界，提升赏陶、制陶水平。

课程评价

在教学中，为了充分调动学生的主观能动性，教师开展自评、互评，建立良好的评价机制，激发学生的制陶兴趣。以小组活动的模式进行课堂练习、课余练习，实际活动评价，教师评价，学生之间评价，自我对比评价，陶艺作品评价，比赛成绩评定以及家长评价等多元化评价，具体如下：

(一)"陶艺每月之星"评选活动

教师每月根据学生平时"知识掌握、技能应用、小组合作、成果展示"四方面进行综合测评,评选出优秀学员,并将优秀学生简介及照片展示在校园走廊,既美化了校园、丰富了校园文化,同时极大地提高了学生参与陶艺社团活动的积极性。

表1 陶艺每月之星表格

时间 \ 内容	学生姓名	主要事迹	照片
9月			
10月			
11月			
12月			

(二)"小小陶艺家"评选活动

通过学期课堂考勤,结合学校艺术节举办陶艺比赛,要求学生根据主题在一定时间内能结合制陶特征用泥条盘筑法、泥片盘筑法、捏塑成型法或综合组合等方法创作陶艺作品,比赛的作品采取等第制评价,设一、二、三等奖。

表2 参与绘画比赛记录表

获得等第	学生姓名
一等奖	
二等奖	
三等奖	

(三)"陶艺成长"记录活动

关注学习的过程,对学生在学习过程中,知识、技能、情感、态度、价值观、学习方法等方面取得的成绩作出评价,结合上海市学生成长记录册,采用等级制评价并记录学

第二章 课程即美丽行走

生的陶艺成长活动,设优、良、合格三个等级,并将成绩记入成长手册。

表3 评价单

评价内容 \ 形式	学生自评	小组互评	集体评议	总星数
资料收集是否内容丰富				
作品构思是否有创意				
作品制作精致程度				
小组分工合作、参与意识				
总星数				
给你宝贵建议				

备注:每个项目最高为5颗星。

(开发者:陈静)

课程即美丽行走 2

课程 2-4　鼓韵声声

适合年级：二、三、四年级

课程背景

鼓有着悠远的历史，在中国这个 56 个民族生活的土地上，几乎每个民族每个地方都有各自风格的鼓乐，从各个民族的宗教祭祀，到民间的婚丧嫁娶，从乡民的生活娱乐，到重大的节日庆典，从戏曲伴奏表演到宫廷的礼乐歌舞。因参与演奏的人数众多，所以鼓这一乐器，比其他任何乐器都更普及，更兴旺。鼓还被广泛应用在生活的各个领域，成为人们表达思想，抒发感情，歌颂爱情，欢庆胜利和丰收的主要表现工具。在古代，鼓被尊奉为神器，不仅用于祭祀、乐舞，它还是打击敌人、驱除猛兽的号角和武器，并且是报时、报警的工具。在新的历史时期，鼓的表演更为热烈火爆，在那些重大的活动中，都会有气壮山河的鼓乐表演，来展示中华民族万众一心的民族精神，以及勇往直前、奋力拼搏的坚强意志。鼓在中华民族传统文化中有着不可替代的作用，它既能锻炼人的体魄，又能陶冶人的情操，给人以美的享受。

江桥小学是青少年民族文化培训基地学校，学校立足于中国文化的弘扬与精神的传承。根据小学阶段学生的年龄特征与学习经验，小学生已经拥有一定的认知能力，较好的接受能力，丰富的想象力和不错的模仿力。所以为了使学生进一步了解中国传统文化，以及发挥学校舞蹈特长教师之优势，学校开设鼓韵声声的课程，力求让鼓的奋进向上的精神和舞的刚柔结合的力量，通过鼓舞的形式展现出来。

本课程理念：让学生通过鼓舞技能学习，强健体魄，增进对人生与生活意义、价值和乐趣的认识，提升自身的审美情趣和音乐素养，以及丰富自身的内心世界，激发强烈的爱国情感，弘扬爱国主义精神，形成积极健康的生活态度和生活方式。

第二章　课程即美丽行走

课程目标

1. 了解鼓的起源、历史、表演形式、风格特征、活动习俗等,从而丰富学生的艺术知识。
2. 能够在实践中掌握打鼓的技法,感受音乐表现能力,发挥音乐才能。
3. 感受鼓的魅力,激发热爱艺术、学习艺术的热情。在鼓舞队的学习中,建立起集体荣誉感及与他人协作的精神。

课程内容

本课程以了解鼓的文化、学习击鼓的演奏技巧为中心,包含五个单元,具体内容如下：

第一单元：鼓的起源

通过对鼓的历史,鼓的用途,鼓的发展的初步了解,激发学生的探索欲望。

1. 鼓的历史,使学生初步了解鼓的历史和传说。
2. 鼓的用途,使学生知道中国古代鼓的广泛用途。
3. 鼓的发展,使学生知道鼓的普及和它的发展是分不开的。

第二单元：鼓的分类

通过认识不同种类的鼓,从而了解我国鼓文化的源远流长。

1. 以材料分类的鼓。鼓以材料的不同可以划分为很多种类,利用图片和文字相结合,对其中的土鼓、陶鼓、木鼓、玉鼓等进行一定的了解。
2. 以形状分类的鼓。使学生知道不同形状的鼓是根据各地方不同的特色而制造的。
3. 特殊命名的鼓。使学生体验鼓的多样性。

第三单元：鼓的故事

通过故事、传说,使学生在不知不觉中被吸引,在浓厚的兴趣中涌起想触摸鼓,敲击鼓的欲望。

1.《梁红玉临阵击鼓》。以精彩的故事,引发学生的兴趣。
2.《常先蒙鼓》。以民间传说,使学生体会我国古代文化的多彩。

第四单元：鼓的文化

鼓文化由古至今，古老而又神奇。通过介绍鼓的制作过程及当今的鼓乐名家，引导学生体验鼓的文化。

1. 鼓的制作，了解鼓的制作过程。
2. 中国名鼓，认识到中国的鼓文化是一种古老而神奇的艺术形式。
3. 鼓乐名家，了解当今的鼓乐名家，欣赏优秀作品。

第五单元：鼓的演奏

由理论向实际操作过渡，在激起学生浓厚兴趣后开始让他们学习鼓舞，使学生在学习中体验鼓舞的快乐，更加激发其对祖国民族文化的热爱。

1. 开台锣鼓。让学生认识鼓，知道基本的敲击方法。
2. 一鼓作气。学生学习简单的鼓舞的手臂动作。
3. 欢欣鼓舞。学生学习鼓舞作品，提升技能。

课程实施

本课程每周1课时，一学期共计16课时，一学年共计32课时，在音乐教室进行授课。教学采用鼓、鼓棒、黑板、多媒体课件、音像资料等为教学工具；运用课堂讲授、多媒体影视课件欣赏、交流讨论、课堂体验、课堂实践等多种教学形式，面向对民族传统乐器有兴趣的二至四年级学生。在课程实施过程中，我们采用如下方法推进：

（一）了解鼓乐文化

鼓舞课程的开展是为了发展学生特长、培养学生综合能力。要想演奏好鼓，首先要从鼓的起源、种类、流传地区、结构特点等方面进行了解。这样才能为鼓舞课程的实施做好前期的准备。

（二）学习鼓乐演奏符号

在教学中，要识谱就要掌握一定的乐理知识，包括音符的写法，音的时值、节拍等等。认识鼓谱，掌握音符对应的位置；熟识节奏型的写法并能正确地念出来；认识特殊的技法符号等，为以后练习基本功和乐曲打下基础。

（三）观看教学示范

教师结合乐曲，简介乐器特点和作品的基本演奏方法，通过教师本人规范而科学的示范演奏和讲解演奏动作要领，从而获得较理想的效果，既能形象示范，又能面授机宜，可以立竿见影获得教学实效。

（四）上鼓练习

学生练习分两个环节。一是基本功练习，包括基本节奏练习和基本技法练习。从站立、执鼓棒这些最基本的要求入手，再练习起鼓动作和落鼓点位置和要领，接着练习基本动作和基本技法。二是乐曲练习。掌握基本功是乐曲练习的前提，在乐曲的演奏上有凸显效果。学生掌握了基本动作后，要发展到将所学的动作连接起来，完整演奏乐曲。这是学生进一步掌握动作要领的重要手段，由于鼓舞是鼓、舞蹈、音乐为一体的综合性活动，学生往往是原地会打了而到行进中就跟不上了，或是动作变形、不到位，教师需要帮助指导训练学生，将动作表现得更加完美。

（五）展示表演

为了提高学生的兴趣，让学生有展示的机会，可以积极组织学生参加校内活动、艺术节活动，旨在弘扬传统民族文化，展示学生艺术风采，让学校特色项目向纵深发展。

课程评价

本课程对学生的评价从知识的掌握，基础技能，肢体语言，团队合作等方面制定了星级评定标准。考评按照自评、互评、指导教师评价相结合的原则进行，最后形成综合评定等级。

鼓韵声声星级评定标准：

一星级：了解鼓的文化，掌握击鼓的动作要领。

二星级：能跟上老师的节奏，基本功掌握扎实。

三星级：节奏稳定，鼓点均衡有力，能敲出作品如《龙腾虎跃》。

四星级：有一定的肢体语言，富有表情，能敲出作品如《有朋自远方来》。

五星级：有团队合作意识，不同声部演奏融洽，能敲出作品如《振奋》，代表学校参加演出和比赛。

（开发者：孙雯）

课程即美丽行走 3

课程 2-5　魅力上海

适合年级
三、四年级

课程背景

上海，这座国际化的大都市以其独特的魅力吸引着世界各地的人们。黄浦江作为她的母亲河，滋润和哺育着上海的人们。她的两岸历经了风风雨雨的历史变迁，如今变得越发光彩夺目。古典和现代被这个面积仅 6 340.5 平方公里的小城市完美地结合在了一起。浦东的东方明珠电视塔、金茂大厦、环球金融中心，雄伟壮观，给人蓬勃向上、勇攀高峰、永不言弃的启示；浦西52幢用花岗石筑起的哥特式、中西合璧式等具有异国风情的大楼，组成了"万国建筑博览群"，风姿绰约，给人以人在景中，景中有人，人景交辉的感受。

都说"两千年历史看西安，一千年历史看北京，一百年历史看上海"。近代上海在短短一百年间迅速崛起，在中国城市发展史上可谓是一个奇迹。文化是城市的生命，城市有了文化就有了生命，海派文化就是上海勃勃生气和活力的源泉。上海文化在外来文明和中国传统文明之间，在精英文化和通俗文化之间呈现出开放的姿态，敢于打破陈规，锐意革新，广采博纳。"海纳百川，兼容并蓄"成为"海派文化"的精髓，并体现在上海文化的方方面面。

本课程理念：通过游学的方式，让学生在寻访上海名胜、名人的过程中，感受上海这座城市独有的魅力，了解历史对一座城市发展的影响，思考上海文化对我们的启迪。

课程目标

1. 通过游学，了解上海的历史，知道上海人民的生活习惯，感受上海的海派文化。
2. 经历参观、游学、讨论等过程，进一步掌握上海方言，加深对上海的热爱。

课程内容

本课程共10讲，具体内容如下：

第1讲：上海的起源（2课时）

"上海"一名，起源于水名，始见于北宋记载。上海在远古时期，是一片汪洋大海。后由于泥沙沉积逐渐变成了沙滩，最后成了一块新生陆地。春秋时期，吴王曾在此建了个馆舍，取名"华亭"。这应该是上海最早的名称。北宋时松江上游变窄，海船改由松江南侧支流上海浦入口，所停江岸渐成聚落（后发展为十六铺地带），那时吴淞江，即今苏州河南岸有两条支流，一条是上海浦，一条是下海浦。南宋咸淳元年（1265年），开始在这里建镇。建镇的治所在上海浦附近，故取镇名为上海镇，这就是"上海"名称的来历。

具体内容包括古时候的上海样貌，后期是如何发展为现在的上海的。

第2讲：上海的历史（2课时）

春秋战国时期，上海是楚国春申君黄歇的封邑，故别称申。晋朝时期，因渔民创造捕鱼工具"扈"，江流入海处称"渎"，因此松江下游一带被称为"扈渎"，以后又改"沪"，故上海简称沪。唐朝置华亭县。上海是国家历史文化名城，拥有深厚的近代城市文化底蕴和众多历史古迹。江浙吴越文化与西方传入的工业文化相融合，形成上海特有的海派文化。1843年后，上海成为对外开放的商埠，并迅速发展成为远东第一大城市。

具体内容包括上海在历史的长河中所发生的诸多大事件，以及上海著名地点的历史事件、历史人物。

第3讲：初步认识海派文化（2课时）

上海的文化被称为"海派文化"。其实质是对欧美文化的借鉴。海派文化是在中国江南传统文化（吴越文化）的基础上，融合开埠后传入的、对上海影响深远的、源于欧美的近现代工业文明而逐步形成的上海特有的文化现象。海派文化既有江南文化（吴越文化）的古典与雅致，又有国际大都市的现代与时尚。区别于中国其他文化，具有开放而又自成一体的独特风格。

具体内容包括海派文化的形成、内容、表现等。

第4讲：一起来说上海话（4课时）

上海话，是吴语的一种方言，属于吴语太湖片苏沪嘉小片。上海话又称上海闲话、上海吴语、沪语，是上海本土文化的重要根基。上海话是吴语的重要代表，与吴语太湖片其他方言基本能互通，是现代吴语地区比较有影响力的一支语言。上海话是在上海地区悠久历史中形成的方言，汇聚了吴越江南语言文化的精华，有着深厚的文化积淀，承载了上海这座城市的时代回音、文化血脉、历史记忆。上海要努力建设成一个有个性特色的东方文化明珠，理应继承上海语言文化的灵魂。

具体内容包括老上海话的含义、来源，并介绍相关儿歌、戏曲等。

第5讲：游览外滩、万国建筑博览群、南京路步行街、城隍庙、豫园（6课时）

上海是一个国际性的大都市，由于历史的原因，上海凝聚了世界各国的建筑风格，既有欧洲风格，又有上海里弄风格等，可以说是中西风格的结合。作为万国建筑博览会的上海，外滩可以视作代表。站在浦江边，由北向南举目望去，矗立在西面一字排开的高高低低、样式各异的建筑物，真如同世界建筑博物馆，凡是形成风格的异国建筑，都可在这里一睹风采。

第二章 课程即美丽行走

具体内容包括这些著名建筑的历史,以及建筑的特点。

第6讲:游览上海历史博物馆、上海城市展览馆、上海美术馆(6课时)

上海博物馆创建于1952年,新馆是方体基座与圆形出挑相结合的建筑造型,具有中国"天圆地方"的寓意。馆藏文物近百万件,其中精品文物12万件,尤以青铜器、陶瓷器、书法、绘画为特色。收藏了来自宝鸡及河南、湖南等地的青铜器,有文物界"半壁江山"之誉,是一座大型的中国古代艺术博物馆。

上海美术馆是一所公益性社会文化事业机构。原址坐落于繁华的南京西路,背靠人民广场与上海博物馆、上海大剧院、上海城市规划展示馆,与人民公园毗邻,是一座功能健全、设施先进、在国内外具有一定影响的近现代美术博物馆。

具体内容包括三大展馆的特色,将分组活动,并交流参观后的感想。

第7讲:游览上海小马路——衡山路、长乐路、东平路、桃江路、淮海中路(6课时)

每座城市的每条马路都诉说着一个故事,想深入体会这座城市的文化,那么那些有名的马路将是一个好去处。就拿上海来说,如果闲暇时轧轧这些上海小马路,你将体会到一个与众不同的上海。

具体内容包括小马路的历史和文化,将分组活动,摄影,了解小马路上的建筑特点。

第8讲:游览石库门文化(3课时)

这种上海的民居建筑形式,是适应开埠后市场经济特点的需要而产生的。19世纪后,上海脱离自然经济社会,一跃成为开放的、国内最大的贸易市场,人口激增。为提高地皮使用率,采用联排并立、群体集居的方式,逐步形成上海独有的石库门里弄民居。随后在此基础上,从20世纪20年代起,又出现了高级新式R石库门房屋,但真正代表石库门特点的,还是初期形成的格局,其在上海住房中占有最主要的地位。

具体内容包括石库门文化的形成,石库门的特点,游览几处具代表性的石库门建筑。

第9讲:游览上海私家园林——古猗园、汇龙潭、孔庙(3课时)

古猗园位于上海市西北郊嘉定区南翔镇。园林最早建于明代嘉靖年间,它以绿竹猗猗、静曲水幽、建筑典雅、楹联诗词以及花石小路等五大特色闻名。汇龙潭建于明代万历十六年(1588年)因自北向南由五条河流汇集而成,应奎山坐落潭中,绿水怀抱,宛如一颗明珠,自古有五龙抢珠之称,汇龙潭因此而得名。

具体内容包括私家园林的历史,建筑特点,发生在这些地点的历史故事,将分小组拓展活动。

第10讲：游览陆家嘴金融中心（2课时）

陆家嘴金融区位于上海浦东陆家嘴地区，是1990年开发开放浦东后，在上海浦东设立的中国唯一以"金融贸易"命名的国家级开发区。与浦西外滩隔岸相望的陆家嘴是近代浦东最早发展起来的地方。自20世纪90年代起，陆家嘴金融区成为上海知名度最高的地名之一。

具体内容包括陆家嘴的历史和发展，未来展望以及建筑群的特点。

课程实施

本课程共计36课时，教学场地主要为教室、实践场馆。教学采用自编教材、图片资料、多媒体课件、音像资料等。主要面向三、四年级学生，以团体为单位开展活动。

主要安排实地参观、教师讲授、观看视频、绘制地图等活动。具体实施方法如下：

（一）实地体验法

通过有序地实地参观上海的各个代表性建筑、马路、场馆，如万国建筑博览群、淮海路、博物馆、城展馆、石库门等，让学生认识上海，了解上海，感受上海的历史、人文、习俗等。

（二）文化感悟法

通过观看图片资料、听讲座讲解，了解上海的历史文化、海派文化，感受上海的文化底蕴。同时，通过学习上海话，研究上海话中俚语的演变过程，了解上海的历史，培养对上海的热爱之情。

（三）实践操作法

基于对上海的认识和生活学习体验，手绘上海游览地图，并能简单讲解各标志性地标的历史，代表人物或者故事等，在动手实践的过程中进一步了解上海。设计制作关于上海的主题小报，展示游学的成果。

第二章 课程即美丽行走

课程评价

本课程旨在促进学生发展,注重在学习过程中的评价:"从这些历史人物身上你学到了什么?""上海的这些建筑给你最大的感受是什么?""哪个活动对你的启发最大?"等;提出注重个体的全面发展与情感发展相结合的评价标准,过程和结果相结合的评价体系,自评和互评相结合的评价方式;综合运用多种评价的方法:倡导学生评价方法的多元化,通过资料查阅、游学、讨论、形成性评价和成长记录等。运用表现性评价的方法,在特定的任务和真实的情境中观察、收集和评价学生多方面的表现。

(一)摘星榜评价:调查上海的历史人物,你能获得几星?

表1　上海历史人物调查评价表

学生姓名	调查完整,有具体事迹,有自己的感悟(得5星)	调查比较完整,有简单的事迹(得3星)	调查比较简单,缺少自己的见解(得1星)

(二)展示性评价:设计制作关于上海的主题小报,你能获得几个赞?

表2　上海小报评价表

学生姓名	内容丰富	制作精良	创意突出

(三)感悟性评价:说一说在体验游学和小组活动的过程中,你有哪些收获?

表3　体验感悟评价表

学生姓名	在游学体验的过程中感触颇多,并激发了自己对上海的热爱之情	在游学体验的过程中有一定收获,并提高了自己的合作研究能力	在游学体验的过程中有所收获,但缺乏一定的自主思考和探究能力

突出学生的自评：让学生成为评价的主人，通过自我参照、自我反思，进行自我评价；参照他人的评价进行自我评价。让学生通过自我评价养成良好的自我反思、自我调整的习惯，使学生在学习中主动设计自我成长的历程，为自己的学习评价承担责任，真正成为评价的主人、学习的主人。

（开发者：周妮）

课程2-6　学子爱嘉

适合年级
四年级

课程背景

游学，是指学习者离开自己相对熟悉的环境，前往新环境中进行学习和旅行，以拓宽视野、扩展知识储备、感受文化差异、提高综合素质和能力的过程，是素质教育的重要组成部分。实践证明，游学课程通过为学生提供具有深远教育意义的自然与文化的探索发现旅程，培养学生的文化素养和科学探究精神，增进对不同区域自然环境、文化的了解、认识和尊重，也使他们能够更好地认识和传承本民族的文化与历史传统，在语言强化训练、思想道德教育、人格养成教育、文化知识教育等方面，都具有特别重要的作用和良好的效果。

游学蕴含着丰富的教育元素，本课程作为"开心游学"课程的子课程，充分考虑小学生对生活充满新鲜感、勇于探究、乐于实践的年龄特点，从学校、社区、街镇、区、市五个维度，通过游走、游玩、游戏的形式，让学生进行自由体验、自由活动、自由学习，以游促学，让学生拓宽视野，给学生一个体验、学习和发现的空间，丰富阅历，增长见识，锻炼人际间的交往能力，培养团结协作意识，同时增强学生体魄，考验学生意志，并促使其养成热爱生活、热爱家乡的意识。

本课程理念：为学生增广见识、丰富阅历、修养身心等方面提供学习途径。提升学生的综合素养，拓宽学生的视野，使其善于思考，勇于实践。

课程目标

在游学课程的学习中，学生以实地考察、现场体验、访谈等方式获得课标知识及课标内容的拓展知识。教师探索适合小学生年龄特点的教学组织形式，使学生在一定的时间内获取关于家乡——嘉定的大量信息和亲身体验，从而有效提升学好相关课程的兴趣和动力。

1. 能够说出一至两处嘉定标志性地标。
2. 能够了解嘉定历史，说出一至两位嘉定名人，激发自豪感。
3. 通过参与活动及与同伴合作交流，激发学生对学习的兴趣，培养良好的学习习惯。

课程内容

本课程包含八个主题，具体内容如下：

主题一：嘉定孔庙

嘉定孔庙始建于南宋嘉定十二年（1219年），700多年间，计整修、重建、增建70余次。嘉定孔庙现为中国科举博物馆，内设五个展厅，分别介绍了科举制度产生的历史，以及科考的整个过程，以及很多状元、进士的试卷。孔庙内介绍了很多经过科考，而后成名的士子，几乎涵盖了隋唐以来的名人，陈列有众多珍贵的历史资料。孔庙内还介绍了许多秀才举人的故事，还存有画卷，书籍试卷等。

主题二：秋霞圃

秋霞圃是中国江南著名的古典园林，位于嘉定区嘉定镇东大街，东邻秋霞公寓，西毗陆俨少艺术院，南连东大街，北依启良路。秋霞圃布局精致、环境幽雅，小巧玲珑，景物与色彩的变化都不大，好像笼罩着一层淡淡的秋意，让人充满着诗情画意的遐想。

主题三：汇龙潭

汇龙潭建于明代万历十六年(1588年)，自北向南由五条河流汇集而成，应奎山坐落潭中，绿水怀抱，宛如一颗明珠，自古有五龙抢珠之称，汇龙潭因此而得名。园内布局分为南北两大部分。南部是应奎山和汇龙潭组成的自然山水风景。登上应奎山的四宜亭，俯视四周，魁星阁、玉虹桥、碧荷池、打唱台等尽收眼底。

主题四：嘉定博物馆。

嘉定博物馆成立于1959年，是集收藏、保护、研究、展示与教育等功能于一体的综合性博物馆。2013年6月，地处嘉定区中心区域的博物馆新馆建成对外免费开放。嘉定博物馆下辖有全国重点文物保护单位嘉定孔庙、上海市文物保护单位法华塔以及嘉定竹刻博物馆。

主题五：汽车博物馆。

上海汽车博物馆位于嘉定安亭的汽车博览公园内，2007年1月正式对公众开放。场馆占地11 700平方米，建筑面积27 985平方米，建筑高度32.45米，总展示面积约1万平方米。汽车博物馆内部设立历史馆、珍藏馆、探索馆以及临展区等4个功能不同的展示区域。上海汽车博物馆是中国专业汽车博物馆，上海市开展汽车科普教育与推广汽车文化的重点文化工程之一，也是上海国际汽车城重要的标志性项目。

课程实施

本课程共计10课时，教学采用图片资料、多媒体课件、音像资料等。主要面向四年级学生，以班级为单位开展活动。安排教师讲课、家长介绍、观看视频、实地参观体验等活动。通过各种形式，使游学变得更有意义，使学生能学到更多知识，开拓眼界。在课程实施过程中，我们采用如下方法推进：

(一) 调查学习

在教师辅导和组织下，学生通过访谈、实地调查、网络等各种渠道搜集相关主题的资料，并进行分组整理，了解相关知识。

1. 搜集有关嘉定景点资料并进行整理，找出景点的文化背景和相关风俗特点。
2. 搜集有关嘉定名人资料并进行整理，找出有关名人的文化背景及历史故事。
3. 调查现在嘉定新增的景点。

(二) 讨论学习

以故事会的形式，让学生讨论交流自己所了解的嘉定历史和名人故事，说说自己对嘉定的感情。

(三) 体验学习

在教师和家长的组织和带领下，参观一至两处嘉定标志性地标，并按主题游历各个嘉定景点。

(四) 学习反馈

教师集中点评，主要针对出发前布置的任务，对各组任务完成情况给予反馈，对于游学活动中表现突出的同学予以表扬，对存在的问题进行指导。存在的问题，主要从两个方面进行反馈，一是可能出现的思想认识和知识性的错误；二是游学过程中可能出现的不文明行为和有违集体主义精神的事情。最后总结，梳理本次游学课程中集体及个人的得失。

课程评价

本课程以积极鼓励为主，以激发学生的学习的兴趣为评价原则。注重关爱、呵护、督导、培育。我们通过"嘉定小导游"江桥小学选拔赛进行评价。

表1 "嘉定小导游"江桥小学选拔赛评价表

学生姓名	通过实地游学，认识和了解了嘉定各个历史景点的背景和内容	在游学体验的过程中对嘉定各个历史景点的文化背景和内容有自己的感悟和见解	在游学体验的过程中有所收获，但感悟不强

（开发者：吴樱）

| 课程 2-7 | 校园小导游 | 适合年级 一年级 |

课程背景

对小学一年级的学生来说,刚从注重生活习惯养成的幼儿园踏入以学习生活为主的小学,生理和心理的变化是巨大的。他们对学校生活感到新鲜好奇,但自制力较差,还保留着幼儿好玩、多动的特点,对学校的制度要求不熟悉、不习惯,其行为也往往单以兴趣出发,专注性、持续性较差,许多行为还带有感情冲动和模仿的特点。幼小衔接得好与否,是学生初入学阶段的一个关键。因此,对于一年级的学生来说,认识小学校园,提升对学校的认同感,对于其融入小学校园生活是非常有必要的。

作为"开心游学"的子课程,本课程以美丽校园,快乐学习为理念,通过开展内容丰富,形式多样的各种体验、参观交流活动,使刚入学的一年级学生认识班级、集体、学校,感受到小学校园的美丽,同时尽快适应小学学习生活,感受到小学生活充满无限乐趣,让学生了解学校的发展历史,感受学校校园文化,以校为荣,树立校园小主人的意识和集体观念,尽快融入小学学校生活。

课程目标

1. 认识、了解学校的自然环境及人文环境,感受学校的美丽与可爱,融入学校生活,树立小主人意识,初步形成集体观念,逐步养成热爱班集体、热爱学校的思想品质。

2. 能积极参与活动,乐于与同伴合作交流,学会表达、沟通和分享,对学习产生浓厚的兴趣,养成良好的学习习惯,增进团队合作能力。

课程内容

本课程以认识校园、了解学校和学习校园礼仪为主要内容,包含四个板块,具体内

容如下:

第一板块:认识学校大家庭(5课时)

具体内容:通过自我介绍和相互介绍,认识自己所在班级的位置、各科老师和同班同学,了解班级和学校作息时间,知道上下课铃声的意思;教师带领学生参观校园,了解学校的整体环境和学校特色;在教师带领下参观学校各个功能教室,了解各个功能教室的用途;教师带领学生了解课间十分钟活动场所以及活动安全知识;参观校园中的各个活动角,了解各个活动角的位置和功能。

第二板块:参与快乐新生活(4课时)

具体内容:安排退休老教师讲述校史,在校园的变迁中寻找历史痕迹,了解学校的发展和变迁;观看视频和资料,知道校训、校风、学风,了解校友事迹,了解学校曾获得的荣誉,制作《江小,我的家》小报;在教师带领下学会唱校歌,感悟校园文化;在课堂中认识校徽,了解校徽的含义,画一画校徽。

第三板块:我是学校小主人(3课时)

具体内容:在充分了解校园环境的基础上,学生尝试独立绘制校园地图手册,并分组交流介绍;在课堂中开展校园知识大比拼游戏竞赛活动;组织校园小导游展示活动,提升学生的校园小主人意识。

第四板块:文明礼仪我先行(4课时)

具体内容:通过学习小学生守则,了解学校的校规和各项课堂常规,根据学习表现评选5名自律小榜样;观看视频资料,学习校园文明礼仪知识,根据学习表现评选5名礼仪小天使;观看视频资料,学习校园安全知识,根据学习表现评选5名安全小明星;学习健康卫生常识,提高健康卫生意识,根据学习表现评选5名健康小卫士。

课程实施

本课程共计16课时,教学场地主要为教室、活动角,以及课间活动场所等。教学采用图片资料、多媒体课件、音像资料等。主要面向一年级学生,以班级为单位开展活动。主要安排实地参观、教师讲授、观看视频、交流合作、实践操作等活动。具体实施方法如下:

（一）实地体验法

实地体验是学生直观认识学校的一个有效手段，通过有序地实地参观学校的各个教室、校园活动角以及其他学校活动场所，让学生更快地认识学校，了解学校，感受学校的美丽，热爱学校，并在活动中初步建立集体观念，融入学校集体生活。

（二）文化感悟法

通过观看图片资料，听讲座讲解校史、校训，了解我们学校的历史变迁，知道校训、校风、学风，了解校友事迹，了解学校曾获得的荣誉和学校特色，并且通过画一画校徽、唱一唱校歌，感悟学校的文化建设和文化底蕴，树立学校小主人意识，以校为荣。

（三）实践操作法

通过对校园的认识和生活学习体验，手绘校园地图，并能简要讲解各区域的作用；在认识校徽，理解校徽含义的基础上动手绘制校徽，自己设计校徽，在动手实践的过程中进一步认识了解学校。

课程评价

采取多元化激励性评价，有利于激发学生的学习兴趣和参与意识，使学生始终对课程保持一种愉悦的情感体验。同时对于低年级的学生来说，及时评价和展示性评价是最直观有效的，因此本课程采取如下评价：

（一）当堂评价法

将学生参与教学活动时的表现作为评价重点，通过现场学习观察、分析学生在学习中的具体表现，根据每节课学生的出勤率、听课、思考、回答问题、课堂常规等各方面的学习表现，对其在学习活动中的能力、态度、情感、价值观等方面予以综合性评价，以一星至五星不等，在星星榜中体现。

（二）展示评价法

在年级展板上设置一个版面,每月展示优秀的学生作品,使学生获得学习成就感,同时在学生中起到示范榜样的作用。

（三）表现评价法

根据学生整个学期参与学习实践的综合表现,给予星级评价,三星至五星不等,结合每节课给予的星级评价,最终根据学生星星榜的星数多少,结合小导游实践活动评价反馈,每班评出 2 名优秀学生并授予校园小导游称号。

（开发者：沈菁）

第三章
课程即习惯养成

乌申斯基曾经有一个精彩的比喻:"好习惯是人在神经系统中存放的资本,这个资本会不断地增长,一个人毕生就可以享用它的利息。"课程的背后潜隐着深刻的教育价值观,诚如詹姆士所言:"播下一个行动,收获一种习惯;播下一种习惯,收获一种性格;播下一种性格,收获一种命运。"

蜻蜓和波斯菊 唐碧怡&冯镭

课程即习惯养成1

乌申斯基曾经有一个精彩的比喻："好习惯是人在神经系统中存放的资本，这个资本会不断地增长，一个人毕生就可以享用它的利息。而坏习惯是道德上无法偿还的债务，这种债务能以不断增长的利息折磨人，使他最好的创举失败，并把他引到道德破产的地步。"《基础教育课程改革纲要》中也明确提出，基础教育的任务不应仅仅是传授知识，更重要的是要让学生积极主动地参与学习，掌握学习的方法，学会学习并具有终身学习的愿望和能力。

好习惯是加速器，是助人腾飞的双翼；坏习惯是枷锁，是难以挣脱的羁绊。习惯是人体中的软件系统，在这个软件系统的使用下，人的许多行为与思维活动将处于一种不假思索的下意识状况，从而使大脑得以解放出来，集中到自由创造的方面上来，最终激发大脑的潜能。国内外许多教学研究统计资料表明，对于绝大多数学生来说，学习的好坏，20%与智力因素有关，80%与非智力因素关系密切。而在信心、意志、习惯、兴趣、性格等主要非智力因素中，习惯又占有重要地位。洛克曾指出："事实上，一切教育归结为养成儿童的良好习惯。"因此，让学生建立一个合理的学习方式，培养其良好的学习习惯，有利于学生的终生发展。所以我们认为人的全面成长过程中，良好行为习惯的养成必须渗透到各种教育中去，否则就不可能很好地完成教孩子怎样做人的任务。因此，养成教育是每一位教师、每一位家长都应掌握的教育艺术。

我们学校很多有才华的教师就用他们的特色课程来助力孩子的优良习惯的养成，有聂颖《颜楷启蒙与趣味篆书》，夏小燕《衍纸》，朱海燕《快乐剪纸》，王靓《趣味简笔画》，邵文佳《我画我心》，范影婵《多彩超轻土》，陈群《成语365》等等，让学生在趣味中、在艺术中、在坚持中完成决定他们终身成就的习惯养成。在这些课程背后所潜藏的教育价值观就是著名心理学家威廉·詹姆士曾经指出的："播下一个行动，收获一种习惯；播下一种习惯，收获一种性格；播下一种性格，收获一种命运。"按照一定的目的长期地教育和训练，从行为训练入手，综合多种教育方法，全面提高学生的素质，从而达到其最终的目的——形成良好的习惯，这种养成教育既包括正确行为的指导，也包

第三章 课程即习惯养成

括良好习惯的训练,以及对语言习惯、思维习惯的培养。

习惯是养成教育的产物,它往往起源于看似不经意的小事,却蕴含足以改变人类命运的巨大能量。良好习惯的养成蕴藏于各种特色课程之中,润物细无声,这就是课程的价值之一!

| 课程 3-1　颜楷启蒙与趣味篆书 | 适合年级 三年级 |

课程背景

书法是我国艺术宝库的精髓,是中华民族的光荣与骄傲。学习书法,是每一个炎黄子孙传承中华民族文化的光荣而神圣的历史使命。因此书法教育是广大教育工作者为弘扬民族精神不可推卸的历史责任。目前随着电脑的普及,人们过分依赖于电脑打字,不少学生、家长、教师对学习书法的认识不够,认为字写得好写得差无所谓,以至于学生写字姿势和执笔方法不正确,作业书写不工整、不规范。另外,由于应试教育的影响,各中小学对书法教育的重视度参差不齐,学生书法情况仍不容乐观。

教育部在《关于在中小学加强写字教育的若干意见》中明确提出:"通过写字教学,使学生初知书法、欣赏书法,培养传承祖国文化的责任感。"同时,上海市教委颁布了《关于建立本市中小学写字等级考试制度的通知》。2011年8月,教育部发布了《关于中小学开展书法教育的意见》,要求按照课程标准开展书法教育。同年,上海市教委下发了《关于进一步加强义务教育阶段学校写字教学的若干意见》,要求小学阶段的写字教学安排在语文基础型课程的课时内落实,每周开设一节写字课。写字课内容包括硬笔书写、毛笔书写。因此,书法教育校本课程规范地引入中小学课堂,已成为教育领域的一个重要课题。

基于以上纲要标准要求,我校充分利用"全国书法教育实验基地",依据《小学写字纲要》和教育部关于实施素质教育的指导思想,本着为每一个学生成长和发展,确立了"一笔一划写好字,一言一行做好人"的指导方针,尝试在二至五年级开展"颜楷启蒙与趣味篆书"课程。

本课程理念:让学生从传统文化中受到艺术熏陶,在艺术创新中提高自我。不仅要培养学生一丝不苟的学习态度、细致缜密的观察能力、坚韧不拔的学习毅力和高尚的审美情趣,同时还渗透育人功能,引导学生"认认真真写字,堂堂正正做人"。因此,本课程的开展不仅是书法教育的普及,更是对我校书法特色的延续。

第三章　课程即习惯养成

课程目标

1. 养成良好的写字姿势、书写习惯，能做到仔细观察。
2. 学习临摹传统经典法帖的方法，进一步提高书写水平。
3. 了解书法史和颜体楷书基本知识；初步感受书法的艺术美，对书法艺术产生一定的兴趣；逐渐养成持之以恒的意志力。

课程内容

本课程以学习颜体楷书的知识技法和篆书的基本线条为中心，包含以下三个章节：

第一章：书写工具与姿势（2课时）

具体内容：了解毛笔书法的书写工具——文房四宝，掌握正确的书写姿势以及熟悉毛笔的书写性能，欣赏书法名家名帖。

第二章：基本笔画及应用（12课时）

具体内容："横"的写法及应用；"竖"的写法及应用；"撇"的写法及应用；"捺"的写法及应用；书法快乐宫（一）；"点"的写法及应用；"钩"的写法及应用；"折"的写法及应用；"挑"的写法及应用；书法快乐宫（二）。

第三章：基本部首及应用（10课时）

具体内容：单人旁和双人旁的写法及应用；两点水和三点水的写法及应用；包盖头和凸宝盖的写法及应用；走字底和建字底的写法及应用；反文旁和折文旁的写法及应用；左耳旁和右耳旁的写法及应用；立字旁和土字旁的写法及应用；广字头和厂字头的写法及应用；大口框和匠字框的写法及应用；提手旁和木字旁的写法及应用。

第四章：我们的作品（8课时）

具体内容：学习不同的创作形式；利用学过的书写技能创作简单作品。

课程实施

本课程每周1课时，一学期共计16课时，一学年共计32课时，在书法专用教室进

行授课。教学以文房四宝、多媒体课件、音像资料等为教学工具和手段,面向对毛笔书法感兴趣的学生。具体实施方法如下:

(一) 分析演示

通过教师引导、启发学生分析汉字的笔画书写、组合、字形变化等规律的教学模式,坚持以练为主,做到精讲巧练。力求正确处理好讲与练、教与学、示范与练习的关系,形成双向互动模式,充分发挥书法教学的功能。

传统的对字帖写字教学枯燥乏味,涉及面狭窄,就写字而写字,为了更加有效地开发好这门校本课程,提高学生的练字热情,将采用多媒体设备,对运笔过程、运笔要领、结构知识进行演示。演示中让学生看清笔的走向,看清起笔、行笔、收笔。利用形象比喻法讲解,以启迪学生积极的形象思维,扩大形象之间的联想,使他们能迅速地抓住和掌握点画的主要特征。

(二) 欣赏审美

通过历代著名碑帖介绍及幅式、字体、风格的欣赏,提高学生的审美能力。从小养成辨别美丑的审美习惯和能力,对学生个人健康心理形成有一定促进作用,充分挖掘写字教育的育人功能。古代书法家的书法,有的遒劲有力,如铁干虬枝;有的清新飘逸,如行云流水;有的端庄秀丽,如峻山险峰;千变万化,各具情态。在欣赏各家书法的同时,还可以让学生集结古代文人的名言警句、优美诗文,自己进行书法创作,把积极健康的思想内容用这一传统的艺术形式表现出来,做到艺术性与思想性的有机结合,培养学生热爱祖国传统文化和书法艺术的健康的审美情趣。

(三) 创作展示

学习基础知识一个阶段后,糅合近期的知识点,设计一堂创作课,让学生能学以致用。并将学生的作品进行展示评析,达到复习、巩固强化的目的。通过不同的作品形式来展现书法的艺术魅力,检验和提高自己的书写水平和艺术修养。进而让学生明白学习书法创作是学习书法的有机组成部分,是更高的一个层次,需要好好地锤炼。创作,虽然不是平常的日课练字,但可以从模仿入手。借鉴教师作品、古代书法家经典作品进行模仿创作。对传统佳作章法的处理,可以多加引导分析和揣摩练习。在模仿创作当中积累了相当的经验后举一反三,可以逐渐转入自由创作阶段。

(四)拓展活动

结合校园文化活动和相关比赛内容,组织写字表演、写字比赛以及组织参观书法展览等拓展型活动。将写字教学写进学校工作计划,在校园读书节、语文节等活动中开展"写字小能手"比赛,以促进书法展示、评比活动的顺利开展。根据学生的兴趣爱好,组成书法兴趣小组,选择书法家字帖供学习交流。开展书法展览,以及利用节日开展全校性书法大赛。开展假期社区服务活动,观看书法展览,春节送春联实践活动等。在实践中拓宽学生的艺术眼界,提升书写水平,也能培养一定的创新精神。

课程评价

由于练习书法较为枯燥,且儿童认识的发展尚处于无意识阶段,对书法学习缺乏目的性,不能在意志上主动做出种种努力。这就有赖于老师掌握学生的心理状态、感知规律,增强刺激强度来吸引学生的注意力,激发学生学书法的兴趣。因此,评价是整个写字教学中至关重要的一步,是写字指导的有效延续和提高。在教学中,要充分调动学生的主观能动性开展自评、互评,建立良好的评价机制、激发学生的写字兴趣。以小组活动的模式进行课堂练习、课余练习、实际活动评价,教师评价,学生之间评价,自我对比评价,书法作品评价,比赛成绩评定以及家长评价等。评价分为平时评价和学期总评两部分,具体如下:

表1 书法课程平时评价表

评价项目	具体要求	评价指标(☆☆☆☆☆)				
^	^	自我评价	小组评价	教师评价	家长评价	综合评价
习惯态度	双姿正确					
^	自觉整理书写工具					
书写兴趣	认真书写					

续 表

评价项目	具体要求	评价指标（☆☆☆☆☆）				
^	^	自我评价	小组评价	教师评价	家长评价	综合评价
作业情况	按时完成					
^	认真程度					
创作能力	集字创作					
^	独立创作					
参赛展览	参赛情况					
^	展览情况					

表 2　书法课程学期总评表

兴趣活动名称	学时	阶段成绩（☆☆☆☆☆）	期末总评（☆☆☆☆☆）	教师、同学、本人、家长互动留言：
基本笔画				
偏旁部首				
间架结构				
临帖作品				
独立创作作品				

	评价项目	评价指标（☆☆☆☆☆）
学习表现	对活动感兴趣，能主动积极投入	
^	认真、虚心、有毅力	
学习能力	观察、表达能力	
^	勤思考、好提问、能质疑	
实践能力	能按科目的要求完成作品	

（开发者：聂颖）

课程 3-2　衍纸

适合年级　三年级

课程背景

苏霍姆林斯基说:"儿童的才智反映在他的手指尖上。"也就是说,只有让孩子在操作中动手、动脑,多种感官参与活动,才能使他们的智慧和能力得到最大限度的发展。在教学中,我们发现学生蕴藏着无限的开发潜力,但在家倍受父母长辈的疼爱,因而实际动手能力差。虽然现在在美术、劳技课程中设置增加了动手能力训练的内容,但孩子的动手能力仍有待提高和开发。

《国家中长期教育规划纲要》中提出:"加强对学生进行美育、人文素养教育,让学生生动、快乐学习,健康文明成长。"艺术教育的基本规律指出:"让学生在观察中、生活中发现美,从而学会去欣赏美、感悟美,最终学会创造美。"这为衍纸校本课程指明了方向。

衍纸又叫卷纸,衍纸画是一种美术手工制作,是一项老少皆宜、工艺性比较强的手工艺术。衍纸制作方法简单易学,看似不起眼的彩色纸条,以专用的工具将细长的纸条一圈圈卷起来,就成为一个个小"零件"。通过卷、捏、编、粘,将形状各不相同的小零件组合创作,形成不同的画面。衍纸的表现力丰富,极具装饰性,从平面到立体的材料上都可以尽情发挥作者的艺术才华。

本课程理念:通过衍纸制作,不仅让学生感受到"纸艺"的神奇,体会动手操作的无穷乐趣,更重要的是帮助学生提升自己的动手能力;启发学生的想象力;帮助学生树立自信,勇于克服困难;激发学生对美的追求。

课程目标

1. 掌握基本的衍纸卷纸法制作,激发动手兴趣。
2. 能仿制各种简单的作品,感受成就感。

3. 能展开想象，进行色彩搭配、作品创作，增强一定的动手创作意识。

课程内容

本课程以"动手创作，启发创意"为中心，包含以下五个单元：

第一单元：制作前的准备（4课时）

了解衍纸的发展及所需工具和材料、了解24种基本卷纸法、了解7种花朵部件做法、了解3种衍纸基本组合法。

第二单元：书签制作（4课时）

制作幸运四叶草、制作樱花片片舞、制作秋之菊、制作娇俏粉芙蓉。

第三单元：温馨卡片（8课时）

制作圣诞卡、制作感恩卡、制作祝贺卡。

第四单元：可爱立体小盆栽（8课时）

制作黄色小雏菊、制作三色花、制作向日葵、制作玫瑰花台。

第五单元：时尚立体小物（8课时）

制作小雪人、制作圣诞老人、制作圣诞树、制作麋鹿。

课程实施

本课程每周1课时，一学期共计16课时，一学年共计32课时。上课地点为教室，教学中主要采用自编教材、互联网、多媒体课件、衍纸制作配套工具等，主要面向三年级学生。在课程实施过程中，我们采用如下方法推进：

（一）看一看

介绍基本工具、不同"零部件"的制作方法。

1. 衍纸画常用工具：

卷纸笔：卷纸笔分三种，短卷笔、长卷笔和长针笔。

剪刀：方便裁切衍纸条。

弯嘴镊子：能够轻易夹起细小的部件。

白乳胶：适用于纸板、木头、布料等材料的粘贴，使用时，只需要逆时针旋转尖头盖,轻轻挤压瓶身,白胶就会溢出。

软木板：组合部件的时候可以用来固定住部件再进行粘贴,这样可以有效地避免作品走样。

2. 衍纸画的材料：彩色纸条。一般常用 5 毫米宽的，也有 3 毫米、6 毫米宽的。

3. 衍纸的基本造型。

（二）教一教

教师边讲解边示范,教会制作要领。

1. 构思,并在草稿纸上画出草图。
2. 制作各部分小零件。
3. 将各部分小零件按图样摆放在卡纸上。
4. 固定。
5. 装裱完成。

（三）做一做

制作书签、卡片、小盆栽、立体小物。

1. 以点带面,以优促特

由于小学生对手工制作的动手操作能力不同、领悟能力有限,所以应给稍有进步的学生以大力鼓励和支持,以一点的优势带动全体学生向其靠拢。使领悟能力和动手能力都比较强的学生在制作活动中更有自信,充分发挥其特长。

2. 增进交流,相互学习

在制作过程中开展交流,让学生畅所欲言,谈制作的感受,讲制作时的技巧和应注意的问题,说制作时的想法和感受以及提出更好的建议。这样不仅能增进学生之间的交流和友谊,更能增强学生的语言表达能力和相互学习的强烈意愿。

3. 提高观察能力,做个有心人

小学生的观察能力是非常有限的,观察事物时往往不能很好地集中精力,甚至从来就不好好地去观察。因此,要多提供观察的机会,帮助学生提高观察事物的能力,让学生在观察中感受生活的美好,逐步养成观察的好习惯,做个人见人爱的有心人。

(四) 秀一秀

收集优秀作品,定期展示。

学生的表现欲望都很强,因此要经常对其作品进行必要的点评和展览。经常举办优秀作品展,以此激发学生的表现欲、提高学生的学习积极性。

课程评价

对学生的评价从"平时考核"、"作品展示"两方面进行综合测评。"平时考核"采用的是教师对学生评价,根据"出勤情况"和"作业情况"给予相对应的等第评价;"作品展示"采用的是生生互评的形式,从"色彩"、"构图"、"创新"三个方面,以小组为单位,根据标准,进行互评。

表1 《衍纸》学习评价表

评价指标		评价标准		
^		A	B	C
平时考核	出勤情况	全勤	偶有缺席	经常缺席
^	作业情况	按时完成	基本能完成	不能完成
作品展示	色彩	色彩鲜艳	色彩较鲜艳	色彩单一
^	构图	构图合理	构图较合理	构图不合理
^	创新	有创意	较有创意	无创意

(开发者:夏小燕)

第三章　课程即习惯养成

课程即习惯养成 2

课程 3-3　快乐剪纸

适合年级
三年级

课程背景

剪纸是一门传统的民间艺术，主要运用剪刀、刻刀等工具，对纸材剪、刻、撕等艺术加工，采用镂空、折叠、套色、衬色、分色、填色、染色等剪纸表现技法，使之达到造型目的，成为有装饰情趣的平面造型艺术品。剪纸活动取材简单，一张彩纸、一把剪刀，就可以活灵活现地表现千变万化的自然形态，随心所欲地表达内心世界的美感。

剪纸活动中蕴涵着丰富的教育价值。首先，以动手和动脑为特征的剪纸活动，可以提高学生手的机能，促进学生手脑协调能力。其次，剪纸的过程是学生意志锤炼的过程,蕴涵了从"无形到有形"的积极心理体验。要完成一幅生动的剪纸作品,学生必须耐下性子,安安静静坐下来,小心谨慎地一刀一剪才行。剪纸结束后,学生必须清理好"千剪万镂"下来的纸屑,把剪纸作品工工整整地粘贴到剪纸集上。因此,学生剪纸的过程,正是"细心、耐心、专心"的劳动习惯形成的过程,正是培养学生安全意识、卫生意识、创新意识和养成积极劳动情感的过程。剪纸过程中形成的学习习惯、积极态度还能正迁移到其他学习活动中,成为学生良好的心理品质。最后,对传统剪纸作品的欣赏,还可以渗透对学生的传统文化教育。

本课程理念:通过剪纸增强学生的动手能力,养成良好的操作习惯,加强学生对各种折叠方法和剪、画的使用,感受剪纸活动的快乐;通过观察、讨论,发挥学生创造性和想象力,让学生敢于表现自我。

课程目标

1. 引导学生喜欢剪纸,能利用各种彩纸剪出绚丽多彩的作品,美化生活。
2. 激发学生热爱艺术,通过观察、自学剪纸养成认真、勤动手的习惯。

课程内容

本课程围绕快乐剪纸这个主题,包含如下三个学习内容:

内容一:了解背景,认识剪纸

让学生了解剪纸的艺术特色与悠久历史、种类和应用范围,认识剪纸工具及各种剪纸技巧方法,初步认识剪纸,对剪纸产生兴趣。

内容二:临摹学习,走近剪纸

让学生掌握一定的剪纸(刻纸)技法;认识一定的剪纸语言和表现手法,进行剪纸(刻纸)的练习与临摹。

内容三:学习创作,快乐剪纸

让学生在学习剪纸知识和基本功的同时,自己创设简单的剪纸图案,进行综合性的训练。

第三章　课程即习惯养成

课程实施

本课程共计16课时,教学采用图片资料、多媒体课件、音像资料等。主要面向三年级学生,以班级为单位开展活动。主要安排以教师讲课、学生学习实践为主的活动。在课程实施过程中,我们采用如下方法推进:

(一) 观察学习

教师引导学生观察学习前人的优秀剪纸作品,了解剪纸表现的题材、内容及应用的技能技法,从中感悟优秀剪纸的思想内涵、造型表现的艺术魅力。

(二) 体验学习

学生学习折叠剪、掏剪、破剪、排剪等剪纸的基本技巧,学会剪制简单的剪纸造型,做各种题材优秀剪纸作品的临剪练习,领略剪纸独特的艺术魅力。

(三) 创作学习

学生学会剪纸的设计与创作方法,能创作出内容与形式都较为成熟的剪纸作品。能够运用剪纸的形式表现自己对生活的感受。

课堂具体实施方法如下:

1. 看一看。学生观察作品,搜集所需材料(如彩纸、剪刀,铅笔等)。
2. 学一学。学生认真观察教师示范剪纸,学习剪纸步骤方法。
3. 说一说。学生分组说说动作难点和注意事项。
4. 做一做。学生分组实践操作。
5. 秀一秀。学生分组展示作品,自评互评。

课程评价

本课程可采取多样的评价方法,重视学习结果的评价,更重视过程的评价。重视开展学生之间的互评和自评,鼓励学生通过活动充分表现自己。如:当学生完成一幅剪纸作品的时候,问学生:"你剪了什么?""你哪一个地方剪得很好?""哪一个地方剪得还不是很好?"等等,引导学生学习自我反思、自我评价。也可把学生的剪纸作品都放在自己的桌子上或粘贴在墙壁上,让学生在日常活动中增加与同伴的交流,尝试在与自身及同伴间的互相学习、比较中,正确地认识自己。在整个展示的过程中,学生会在同伴的赞赏声中体验成功与收获的愉悦,树立对自我的信心。

表1 "快乐剪纸"评价表

评价项目	A	B	C	个人评价	同学评价	教师评价
学习习惯	课前准备好,坐姿端正,听讲认真,观察仔细	课前准备好,听讲较认真,观察较仔细	课前准备不足,听讲不认真			
课堂表现	讲解声音洪亮、吐字清楚、表达准确、具有指导性	讲解声音响亮、表达基本准确	讲解声音小,表达意思不清			
临摹作品	构图恰当,造型严谨,形象生动	造型基本准确,对折工整	剪纸比例失调,造型不准确			
创作作品	创作的作品形象生动,具有新意	创作的作品比较有新意	作品缺乏新意,比例失调			

我这样评价自己:＿＿＿＿＿＿＿＿＿＿＿＿＿＿＿＿＿＿

同伴眼里的我:＿＿＿＿＿＿＿＿＿＿＿＿＿＿＿＿＿＿

老师的话:＿＿＿＿＿＿＿＿＿＿＿＿＿＿＿＿＿＿

备注:1.本评价针对学生课堂表现情况;2.本评价分为定性评价部分和定量评价部分;3.定量评价部分为教师评、同学评和自评,等级分别为A、B、C;4.定性评价部分为"我这样评价自己"、"同伴眼里的我"和"老师的话",都是针对被评者作概括性描述和建议,以帮助被评学生改进与提高。

(开发者:朱海燕)

第三章　课程即习惯养成

课程即习惯养成 3

课程 3-4　趣味简笔画

适合年级
二年级

课程背景

　　不同于国画、油画、水彩画、素描等绘画表现方式,简笔画是一种实用性强、门槛低、上手快的艺术表现形式,内容多以生活场景中的各种实物为主,相比国画的凝练,对笔法的要求较高,以及油画和水彩画对色彩的搭配、线条及光影的运用有较高要求,简笔画是一种"接地气"的绘画艺术。学生能将生活中的所见和所用付诸纸笔,可以通过简化、再简化,勾勒和上色将事物以独特的视角加以展现。而根据《上海市中长期教育改革和发展规划纲要(2010—2020年)》的要求,课程开发和教学改革要根据学生的年段特点和兴趣特长,要启发学生在课程中发现兴趣、找到方法,从而培养学生的创新

93

能力和审美能力。简笔画课程正是迎合《纲要》要求，综合学生需求、兴趣所在而开展和推进的。

简笔画以其以少胜多、高度凝练的风格，非常适合低年级段学生的认知水平、绘画基础、表现能力。此外，简笔画作为一种简单、实用的艺术表现手法，近年来也逐渐成为一种喜闻乐见的艺术形式，更是被广泛运用到生活的方方面面，对于学生而言，简笔画具有极大的亲和力和存在感。因此，学生基于日常的无意识"积累"，只要接触、掌握简笔画的基本理念，再结合日常的观察和练习，就能以简单的色彩和线条来描绘眼中的世界，这对于提高学生的观察能力、抽象思维能力，提升学生的审美情趣、审美素养，丰富学生视野、表达内心世界是一个很好的出口。

另外，近年来"手账"文化盛行，教师可以引导学生通过学习简笔画，开发适合自己年龄特点的、记录生活点点滴滴的个性化方式，再辅之以简练的文字，把简笔画从简单的实物描绘逐渐过渡到手账、图文并茂的日记、周记、游记等多元化形式，从而进一步丰富少年儿童的课余生活，充实心灵，留存成长足迹。

二年级学生已基本形成了认识世界、感知世界的意识，以此为依托，本课程不但教授学生如何画简笔画，也通过丰富多样的课时内容，调动学生仔细观察生活、回忆生活场景、增长生活常识、丰富科学知识、激发生活实践能力，从而让学生通过简笔画记录生活、创造生活、爱上生活。

本课程理念：将课程最大化地开放给学生，为学生提供丰富的资源和素材，让学生在课程中以笔为媒，基于生活表达自我，用线条和色彩勾勒、描绘身边的世界，培养学生的审美素养，锻炼学生的观察能力、动手实践能力、学习能力、感悟能力，让学生在绘画中找到自由和放松，解放天性，释放创造力和想象力，在课程中发现并找到生活中的乐趣，在一草一木，一蔬一食中体会生活中的种种情趣。

课程目标

1. 了解基本绘画知识，学会以简单、独特的简笔画表达所见所想。
2. 能够感受生活，养成随手记录的好习惯。
3. 能够在学习实践中认识美，丰富对美的表达方式。
4. 能够发挥想象力，拓展想象空间，形成个性化开发。

第三章　课程即习惯养成

课程内容

本课程具体内容及课时分布情况如下：

（一）关于绘画及简笔画

认识不同绘画表现形式（水墨画、油画、水彩、素描、简笔画等），能够通过观察、讨论，从工具、手法、风格等方面交流各种绘画形式的特点并引出简笔画的绘画要求及特点，同时让学生明确本课程基本内容及课程要求。

（二）花边知多少

1. 了解什么是花边、在哪里见过花边、为什么会有花边，并学画2—3种花边；
（可以让学生在课前搜集一些包装纸或者其他素材，课堂上讨论、观察、比较）
2. 继续学习绘制花边（5—7种），并试着将学画的花边画在自己的绘画本上，装饰自己的绘画本，思考：还能在哪些地方画上花边？
（可以在课程基础上让学生自己创作花边，并在学生创作过程中对学生的配色、线条及图案的搭配给予指导）

（三）我家的电器

1. 交流：你知道哪些家用电器？它们有何用途？如何使用这些电器？有哪些注意事项？
游戏《我画你猜》：基于自己平时的记忆和积累，画一种家用电器，放在投影下让同学猜。思考：为什么有的同学画的大家一猜就中，有的则不是。
2. 学画家用电器：学画冰箱、微波炉、洗衣机、电视、空调等家用电器。
教会学生抓住电器在外形、颜色或线条上的关键特点进行绘画。
3. 订制家用电器：
① 如何让你画的电器与众不同（颜色、功能、logo）；
② 未来可能会出现什么新的家用电器？结合智能家居等新型家居用品，让学生在了解功能和使用方法后，自己创作一个新式家居用品，并请其他同学点评，看看谁的

作品更有"购买力"。

(四) 舌尖上的世界

1. 交流：你最喜欢吃的食物是什么？从外形、颜色、味道等方面详细描述自己喜欢的食物；根据学生喜好食物的种类将学生分组。
2. 学画蔬菜、水果：说一说自己爱吃的蔬果、画一画。
3. 学画主食、副食：说一说自己爱吃的食物、画一画。

(五) 我的动物朋友

1. 交流自己喜欢的动物；学画小动物，展示画作；统计各种动物喜欢的人数。
2. 观看最受学生喜欢的动物的相关纪录片。

(六) 我的好伙伴

1. 交流：说说我身边的好伙伴是谁？他(她)有什么特征？
2. 画画我的好伙伴：积累素材，学画人物：各种各样的身材、脸型、发型、着装；根据自己伙伴的外形特点，画一画人物。
3. 画画我的新伙伴：根据积累的素材，"组装"一个我心目中的理想伙伴。

课程实施

本课程共14课时。上课地点是班级教室，主要面向二年级学生。教学中主要采用学校图书馆和美术教室的简笔画相关书籍作为教学资料，并随机补充相应教材，如网络资源上的简笔画教程等。

在教学中，强调听清要求、大胆交流、动手作画、成果展示。具体实施方法如下：

1. 听：激发自觉性，让学生自觉遵守课堂纪律，做到按时到场，认真听清课程要求，并自觉遵守，在他人交流时能耐心倾听，不打断他人、不干扰他人；
2. 说：提高积极性，鼓励学生基于主题，积极思考，积极发言；
3. 画：增强自主性，鼓励学生认真创作、大胆展示；
4. 秀：注重客观性，学生展示和评价环节，教师要客观指导、纠正。

第三章　课程即习惯养成

课程评价

以"像不像"作为评价儿童绘画的标准实际是将成人的审美观念凌驾于孩子之上,这种评价方式恰恰是把学生不可逆的童真和创造性思维能力单向化了。本课程对于儿童简笔画的评价提倡以鼓励为主,进行个别有针对性的引导,评价方式多以作品展示、学生评价为主。具体操作如下:

本课程以绘画主题展开,教师示范样图或给出范围,学生结合自己的个性化创意或兴趣点开始创作,认真参与课堂可得"一支画笔";

创作环节结束后,学生可分批上台展示,敢于展示和分享可得"一支画笔";

展示后,创作者可以结合自己的创作来介绍创作理念,能自圆其说者可得"一支画笔";

其他学生经过四人小组交流,可以小组为单位为展示者投票,每组可投出"一支画笔";

教师根据展示者一系列课堂表现及作品给出评价和建议,给出"一支画笔"。得到2—3支画笔为"画画新手",得到4支画笔为"画画能手",得到5支画笔则获得"小小马良"称号。

（开发者：王靓）

课程 3-5　我画我心

适合年级 一年级

课程背景

简笔画是通过观察,思考,手写等步骤,提取客观事物最典型、最突出的特点,以简洁的线条进行表现的绘画形式。它是通过目识、心记、手写等活动，以平面化、程式化的形式和简洁大方的笔法，表现出既有概括性又有可识性和示意性的绘画。

简笔画课程的设计与开发，体现了以人为本的教学宗旨，小学阶段是儿童认识世界的大好时机，在这个阶段，简笔画的教学能充分展示学生的想象力，增强学生的自信心，鼓励学生体验成功的快乐，为学生提供创造和表达的空间。

本课程理念：注重培养学生对简笔画的兴趣、爱好。简笔画不仅能增长学生的见识，也能丰富学生的知识储备，还能使学生在学习中有更自由的选择空间，尽可能地发挥学习潜能。同时，简笔画能够引导学生崇尚书画艺术，开阔学生的视野，丰富学生学习儿童画的内容和途径，增强学生学习儿童画的动力，升华学生儿童画艺术的志趣境界。

课程目标

1. 了解简笔画的基本特征及绘画技巧，提高学习的兴趣。
2. 掌握简笔画的绘画方法，感受绘画的美感。

课程内容

本课程通过引导学生欣赏、观察各种动物、植物和景物的特点，慢慢用简单的线条表现物体的外形特点。以掌握绘画方法为中心，包含以下四个主题：

主题一：美味的水果

画画绿绿的西瓜，红红的草莓，黄色的菠萝，紫色的葡萄等。主要是通过日常的水果，激发学生绘画的兴趣。

主题二：新鲜的蔬菜

画画白萝卜，胡萝卜，玉米，白菜等。以学生每天要吃的蔬菜为主题，进一步掌握简笔画的绘画技巧。

主题三：花草树木

画画小草，太阳花，仙人掌，月季花等。基于前期点、线、面的绘画训练，进行复杂图形的练习，符合循序渐进的原则。

主题四：可爱的小动物

画画金鱼，小猫，佩奇，小狗等。这类学生最感兴趣的动物题材容易激起他们的学习动力，从而体验简笔画的乐趣。

课程实施

本课程每周1课时，一学期共计16课时，一学年共计32课时。教学地点为一年级多媒体教室。教学采用自编教材、互联网、多媒体课件、音像资料等，主要面向一年级学生。

在简笔画教学中，强调全体学生的参与性，在课堂教学中引入自己设计的课程，提倡以学生为主体的活动式教学。在学中玩，玩中学，很好地做到了寓教于乐，使学生通过参加一系列的简笔画课程，接受艺术熏陶，促进多种能力的综合发展。

通过欣赏优秀的简笔画作品，请学生发表不同的观点，感受简笔画的魅力，观看简笔画的创作过程，并自主创作简笔画。具体实施方法如下：

1. 看一看：学生观看简笔画创作视频，尝试说出绘画步骤。
2. 学一学：教师示范画，学生观察教师的绘画过程，学习绘画方法。
3. 说一说：学生说说绘画难点和需要注意的地方。
4. 做一做：学生自主实践操作。
5. 秀一秀：学生展示作品，自评互评。

课程评价

本课程运用多种评价方式。

（一）过程性评价（权重：50%）

1. 结果性目标（权重：20%）

依据目标，采用若干评价方式，收集学生达标证据，根据学生不同的表现，可分为若干等级。

等级描述：会运用各种线条画简笔画

A. 能够运用线段学画作品，并且能做出恰当的色彩搭配

B. 在教师指导下，参照优秀作品临摹

C. 无法进行简笔画的绘画

2. 表现性目标（权重：20%）

等级描述：逐步赏析作品，分析讲解用笔，填色方法

A. 声音洪亮、表述准确、分析合理、用色恰当

B. 声音一般、讲解不太准确、分析不合理、用色不恰当

C. 声音小、讲解步骤乱、不会分析、不能正确运用色彩

3. 体验性目标（权重：10%）

等级描述：

A. 课前准备好，坐姿端正、认真观察、能欣赏不同简笔画

B. 课前准备好，听讲较认真，欣赏观察仔细、能合理运用技巧

C. 课前准备不全、听讲不认真、不会画，不能掌握技巧

（二）终结性评价（权重：50%）

等级描述：

A. 能画出复杂作品，色彩搭配优秀

B. 能画出作品，色彩基本符合要求

C. 只能画出简单的作品

综合学生整个学期的学习表现，每节课给予表现优秀的学生星级评价，最终根据学生的星数，评出并授予2名学生"简笔画小画家"的称号。

（开发者：邵文佳）

课程 3-6　多彩超轻土

适合年级　全年级

课程背景

美术教育家罗恩菲德在其著作《创造与心智的成长》中写道："塑造不仅是另一种技巧，因为它是三度空间的，所以刺激了另一种想法。"培养学生动手操作发展能力是新时代的需要，也是素质教育的一个重要课题。我国现代教育家黄炎培毕生倡导职业教育，主张手脑并用，反对劳心劳力分离。他说："要动手的读书，读书的动手，把读书和做工两者联系起来。"只有手脑联合才能产生智慧。当儿童在从事手部活动的同时，也在增强脑部活动。本课程旨在通过黏土捏塑手工活动，让学生在排列组合的过程中，不仅可以锻炼手部肌肉的操作能力，而且通过这些动作的练习，促进手眼协调的能力，并强化肌肉和手腕关节运动。学生对于肌肉的控制能力越精确，专注时间就能越久，既能构建稳定的专注力，也能培养对挫折的容忍度，更可通过造型的思考活动，使学生的左右脑得到更充分的开发。

在制作超轻土手工作品时，引导学生用三维立体的造型方式表现自己所想象的事物，注重儿童潜能开发和个性差异；引导自主参与，培养创造能力，从而优化兴趣课教学。在具体的材料选择上，超轻黏土的特性最适合小学儿童的年龄特点。结合三年多来在超轻土教学的实践和体会，开发超轻土校本课程。

超轻黏土是纸黏土里的一种，简称超轻土，捏塑起来更容易更舒适，更适合造型，色彩丰富，环保无毒。一至五年级的学生都可以动手玩，随着年龄的成长，学生的空间创造能力将得到发展。本课程引导学生学会动手制作，结合讲授，以基础技法，带动创新技法，通过和超轻黏土的亲密接触，让他们随心所欲地按照自己的意愿去表现作品，发挥其主观能动作用，提高他们的动手能力，并在活动中促进学生学习方式的转变，激发学生的参与意识，促进他们从立体的角度去认识、观察和欣赏事物，推行素质教育，在丰富学生业余生活的同时，让学生多学一门手艺，让学生拥有自己独特的作品，培养良好的兴趣爱好，从而促进每位学生的健康发展。

手工制作是一项实践性、操作性、发展性都很强的活动,它有助于锻炼儿童的手脑协调性和创造性思维等。小学生的年龄特点是活泼好动,充满好奇心,应当注重兴趣的培养,激发学生求知的内动力。

本课程理念:注重以学生为主体,充分发挥其主观能动性、创造性,从而使学生的基本素养和学习能力得以提升。培养学生用自己的眼睛去生活中发现美、欣赏美、感受美,通过对各种不同的工艺制作品的欣赏,从这些作品中感受到万物之美,触发学生的情感。

课程目标

1. 了解超轻黏土这种材料的特点,通过学习制作,提高兴趣。
2. 熟悉超轻黏土的特性,能构想各种形状和组合的方式,了解利用超轻黏土制作的基本方法。
3. 欣赏自己和他人的作品,激发动手操作的兴趣,初步体会审美的情趣。
4. 学会合作,主动交流,培养创新精神和实践综合能力。

课程内容

本课程共包含十五项内容,具体内容和课时安排如表 1 所示:

表 1 "多彩超轻土"课程内容安排

周次/课时	内　　容	实　施　要　求
2/1	分享课程纲要	知道本学期学习的内容和要求
3/1	多彩的超轻土,包括超轻黏土的基础课程:色彩的混合方法、制作不规则条纹、基本形状的制作、基本手法等	准备材料:超轻黏土、小工具
4/1	小动物制作:小鸡、小鸟、小鸭为例,学会观察制作步骤和方法,观察并归类同一类的动物形态上的不同点	掌握用超轻土制作小动物的方法,注意比例,就可以达到自己想要的效果

第三章　课程即习惯养成

续　表

周次/课时	内　　容	实　施　要　求
5/1	舌尖上的美味——馋嘴小吃,巩固超轻土的基本操作方法,了解糖葫芦、小笼包的创造性和花色,让学生学会把握生活中常见食物的特征,通过超轻黏土的制作过程表现出来	结合学生生活实际,用超轻黏土制作特色小吃或食物
6/1	花草树木,以仙人掌、花、树叶、树为例,引导学生学会不同植物的制作。观察制作的步骤,抓住特点	感受四季的植物,生机盎然的植物世界,培养学生爱护自然以及护绿的意识
7/1	美味水果——掌握超轻土的制作过程,用基本的捏法做不同的水果,完成一个水果拼盘或者水果摊	掌握各种水果的形态特点
8/1	DIY饰品,尝试在规定时间内借助工具设计并完成一个小玩意儿	掌握简单的创作方法和技巧
9/1	小家什的设计和制作,合作完成一套小家什	掌握简单的创作方法和技巧,伙伴合作
10/1	动物乐园,以蛇、乌龟、蝴蝶等动物为例,引导学生观察制作,并发挥想象,创作动物形象的作品	掌握简单的创作方法和技巧,小组合作
11/1	收获篮——阶段展示 分享自己的作品,点评和欣赏	作品展示,分享欣赏
12/1	人偶制作,以中国京剧小人为例,学习制作人偶的步骤和方法,掌握观察和模仿的方法	掌握比较复杂的人偶制作方法和步骤,能仔细观察,互相帮助
13/1	小组DIY——主题自拟,完成一个完整的作品或者系列	能自主设计,团队合作,完成系列作品
14/1	创意作品,根据自己的设想完成一个或者一系列的作品	发挥想象,引导学生自行设计
15/1	精美超轻土作品欣赏,拓宽视野,提升审美	欣赏作品,激发想象和创作动力
16/1	把本学期制作的作品,合理安排,布置在小平板上,学期汇报	学期汇报,展出各自的作品,评选优秀作品、最佳组合和创新奖

课程实施（一）

本课程每周一课时，一学期共计16课时，在教室进行授课。教学以超轻黏土、多媒体课件和超轻黏土作品为教学工具和手段，面向所有一至五年级对手工制作有兴趣的学生。

结合讲授、操作演示、创新技法等方法，引导学生从立体的角度认识、观察与欣赏作品，动手制作，培养动手能力和创新意识。具体实施方法如下：

1. 看一看：观察作品，观察制作过程。

观察学习，通过教师引导，启发学生用眼睛观察，了解超轻黏土的特点，超轻黏土制作的方法和如何制作成形的作品，以多媒体展示和教师实际演示为主，力求让学生掌握正确的制作方法，发挥动手操作教学的功能。

2. 讲一讲：交流超轻土制作的感受和方法。

这是授课的主要方法，结合课件，传授相关知识。同时，也是学生学习的方式之一，鼓励学生发言，了解他们的学习收获，形成双向互动，让课堂成为师生共融的学习阵地。

3. 做一做：动手制作，实践体验。

超轻土手工最重要的学习过程，就是学生动手动脑操作，通过黏土的塑性，制作各种人偶、动植物等等，感受动手制作的乐趣，感受黏土的奇妙，体验完成作品的喜悦。

4. 秀一秀：展示自己的作品，提升审美。

学习一个阶段后，糅合所学所做，让学生学以致用，展示自己的超轻土成品，并且通过多媒体的制作，完善学生作品的展示形式，激发学生的学习积极性。在展示的过程中，进行评议，增强学生的信心，鼓励他们更积极地参与创作。

课程评价（一）

超轻土制作是一个循序渐进的过程，尤其是低年级学生处于无意识阶段，对学习过程缺乏持久性和耐心，不能在意志上做出种种努力，这就要求教师掌握儿童的心理状态、成长规律，吸引学生的注意力，激发学生的学习兴趣。评价作为本课程的重要一环,以对学生的过程性评价为主;对学生在课堂上的表现进行即时评价,进行观察和记录过程性评价。

出勤情况:出勤率达到80%以上为优良,60%—79%为合格。

认真聆听:课堂上认真听讲,专注观察,根据学生表现给予等第评价。

动手制作:专注制作,重在实践,根据学生表现进行等第评价。

创新和合作:乐于创造,能够合作,根据学生表现进行等第评价。

作品展示:将制作的超轻土作品进行多次展示。展示的形式多样,通过汇报交流,最终评选出"优秀作品"、"最佳组合和创新奖"。

课程实施(二)

1. 教学中,以学生为主体,调动学生的学习积极性,激发学生参与,培养良好的习惯。

2. 教学过程中,教师要创设良好的学习气氛。

3. 在教学过程中,采用全班加小组形式进行,即讲授时是全班同学共同进行,而在做手工时是分成多个小组进行活动,让学生通过小组活动共同提高。

课程评价(二)

教师所开发的课程资源是否符合学生的兴趣,符合他们现有的操作能力,贴近他们的实际生活,有价值。

教师在引导学生进行手工制作时,要注意培养学生的创新能力,充分调动学生积极性。

教师在引导学生进行手工制作时,小组成员之间、小组与小组之间形成合作、交流、讨论的良好气氛。

注重学生在学习过程中是否积极参与,在手工制作时,他们的合作是否成功,在原有的基础上手工制作能力是否有所提高。

(开发者:范影婵)

课程 3-7　成语 365

适合年级　四年级

课程背景

成语是中国汉字语言词汇中一部分定型的词组或短句,有固定的结构形式和固定的说法,表示一定的意义,在语句中是作为一个整体来使用的。成语是我国传统文化的一大特色,有很大一部分是从古代相承沿用下来的,在用词方面往往不同于现代汉语,它代表了一个故事或者典故,是中华文化中一颗璀璨的明珠。

成语展现了汉语表达巨大而丰富内涵的能力和语义融合能力。短短几个汉字,往往包含了一段历史、一个故事、一个典故、一个道理、一个哲理,它在历史的演变中自然形成。每一个成语几乎都有它的来历。各朝各代的文化和历史保存在成语之中,这使成语具有各朝各代鲜明的文化特点和时代特色。

熟知成语典故之人,一读到成语,那些历史事件、历史人物就鲜活生动地在眼前重现;而对历史不太熟悉之人,也会明白成语的内涵。中华民族的文明历史给人以教育启迪,通过成语这种方式,将其精神实质流传了下来。

本课程理念:通过成语学习,提高学生学习语文的兴趣、扩大视野、增长知识、丰富词汇;同时可以从民间成语故事中培养学生的创造性。学习成语及成语故事不仅能提供文学滋养,而且融会在成语故事中的智慧、风骨、胸怀和操守都将成为学生学习的重要资源。

课程目标

1. 了解成语,提高对成语的运用能力,感悟中国语言文字的魅力。

2. 懂得成语作为祖国语言的特定形式,在学习和生活中得到广泛运用,培养对成语的兴趣,激发热爱祖国语言文字的情感。

3. 借助成语实践活动,提高自主学习能力、动手操作能力、搜索积累知识的能力、

第三章　课程即习惯养成

享受成功的喜悦。

课程内容

本课程围绕成语这个中心议题，包含如下三个探究主题：

主题一：什么是成语

成语(idioms)是中国汉字语言词汇中一部分定型的词组或短句。有固定的结构形式和固定的说法，表示一定的意义，在语句中是作为一个整体来使用的，往往承担主语、宾语、定语等成分。有些成语本就是一个微型的句子。

成语是中华文化中一颗璀璨的明珠。古人云："成语，众人皆说，成之于语，故成语。"

主题二：成语的特点

成语是一种现成的话，跟习用语、谚语相近，但也略有区别。在语言形式上，成语几乎都是约定俗成的四字结构，字面不能随意更换，而习用语和谚语总是松散一些，可多可少，不限于四个字。

成语一共有5万多条，多为四字，也有三字成语，五字成语，六字成语等，一直到十三字，如"欲速则不达"、"五十步笑百步"、"醉翁之意不在酒"。少于四字的成语，有如"敲门砖"、"莫须有"、"想当然"之类，但总体上较少。

成语之所以用四个字，这与汉语本身句法结构和古汉语以单音词为主有关系。

成语绝大部分由一般概念的固定词组成，例如"空中楼阁"、"鼎鼎大名"、"青出于蓝"、"有声有色"、"欢天喜地"等都是四字成语。

主题三：成语的作用

语言是特殊的社会现象，是人们认识和思维活动长期抽象化的结果，它通过词和句子构成，巩固下来，成为人们交往和社会化发展的工具。在语言的表达与发展上起着很大的作用。

首先，成语、典故的意义与语言表达方面。我们在使用成语表达复杂的意义、褒贬感情色彩时，要仔细琢磨。古代成语原是古人所写所创，流传下来后在内容与形式上一般都保持着原状，古人讲的是古代汉语，而古代汉语与现代汉语有许多不同之处。

其次，成语、典故的用途与语言表达方面。成语、典故根据自己的特征，可以充当

107

各种句子成分。成语中表示人或事物的，用途相当于名词，主要用做主语和宾语，其次做定语，也可以与判定词"是"组合做谓语；表示行为、动作、状态的，其用途相当于动词，主要做谓语，也可以做状语或定语；表示性质、特征的，其用途相当于形容词，主要做定语，其次做谓语，也可做状语；表示数量范围、时间、处所、方式方法手段等意义的，主要做状语和定语，也可做谓语或补语。

第三，成语、典故的修辞作用与语言表达方面。在语音上的修辞作用，成语大多是由四个字组成的，四个字音节鲜明清晰，念起来抑扬顿挫，起落跌宕，十分和谐，具有语音上的美感，使用成语能够增强音感，给人留下深刻印象。成语还有比喻、夸张、对照、讽刺、引语等修辞作用，尤其是作为引语，不但使自己的论证具有说服力，文章有战斗性，而且使语言生动活泼。

第四，成语、典故与语言的精炼性、形象性、生动性原则方面。使用语言讲究经济原则，力求简明，力求用较少的词语表达丰富的内容，这是语言的精炼性所要求的。运用典故便可以达到这种要求，如"请缨"、"飞将军"、"沧桑"。使用语言应该讲究可感性，以事物的具体表现反映人们的思想感情，这是语言形象性所要求的，如"如堕五里雾中"、"依样画葫芦"、"味如鸡肋"。使用语言应该讲究妙趣，以富有活力的词语感动别人，这是语言生动性所要求的，如"三顾茅庐"、"夜郎自大"、"滥竽充数"。

由于受社会发展因素、心理因素等的影响，人们便要求内容更为丰富，涵义更为精辟，形式更为复杂的语言进行反映，概括和表达。从语言发展的角度上来看，成语有着重要的作用。

课程实施

本课程共计16课时，教学采用图片资料、多媒体课件、音像资料等。主要面向四年级学生，以班级为单位开展活动。安排游戏比赛、调查实践、视角空间、个性演绎、文字积累等活动。在课程实施过程中，我们采用如下方法推进：

（一）游戏比赛

学习、理解、运用成语，组织开展讲成语故事比赛、成语接龙的游戏等，激发学生对祖国语言文字的热爱。

（二）调查实践

学生查字典，了解成语的引申含义。调查生活中成语的使用情况，并完成调查表。搜集并推荐成语和成语故事。

（三）视角空间

播放有关成语故事的动画影片，让学生说成语。了解成语出处，知晓故事大意（学生还小，如果只是单纯的查字典理解太枯燥，所以可以先让学生看故事视频，再做词意的记录。）

（四）个性演绎

学生分组，造句，判断成语使用的合理性。（成语能使表达更生动有力，增强修辞等，所以成语的学习不仅仅是让学生知道，更要让学生运用，课堂上要多让学生造句。内化理解，学会运用。）让学生选择自己喜爱的成语故事，通过角色表演来演绎成语。

（五）文字积累

办成语故事报，将学生搜集到的成语分类整理，编辑成册。

课程评价

学生学习情况的评价，主要采取等级制，等级的给定考虑五方面的因素。一是学生学习该课程的学时总量，不同的学时给不同的等级；二是学生在学习过程中的表现，如态度、积极性、参与状况等，由教师综合考核后给出等级；三是学习的客观效果，例如背诵、手抄报、绘画作品、课本剧的表演等，教师给出等级；四是小组评价，由本小组其他成员对学生的表现评出等级；五是家长评价，由家长对孩子学、讲、用、演成语等的情况评出等级。五个方面的因素中，每个单项评价分为优、良、及格、须努力四个等级，优为表现好，良为表现较好，及格为表现一般，须努力为表现较差。

具体评价内容如下：

(一) 学生学时总量(10%)

学生上课的出勤率：出勤率超过90%为优秀；高于75%为良好；高于60%为及格；低于60%为须努力。

(二) 在学习过程中的表现(10%)

根据学生记录的内容、字迹是否工整、整洁程度，分为优、良、及格、须努力四个等级。

(三) 学习客观效果(学生根据自身实际情况，任选一项完成，50%)

1. 制作成语图册

学生以小组为单位，根据本学期所学成语，对所学成语进行分类，制作成语图册。

要求：

(1) 写上成语及拼音；

(2) 画上插图；

(3) 写上成语的意思。

2. 编写成语剧本并表演

学生以小组为单位，任选成语，根据成语的故事编写剧本，并进行表演。

(1) 小组成员要分工明确；

(2) 编写的剧本要以成语本身的故事为依据，内容流畅；

(3) 表演者要准备充分，表演要大方得体。

(四) 小组评价(15%)

根据小组内成员的分工进行评价。其一，根据学生制作成语图册的内容、是否美观、是否整洁、字迹是否工整，分为优、良、及格、须努力四个等级。其二，对于剧本是否流畅精彩、表演者是否准备充分、道具是否准备完整、表演过程是否大方得体，分为优、良、及格、须努力四个等级。

（五）家长评价(15%)

家长对孩子在家学、讲、用、演成语等情况评出优、良、及格、须努力四个等级。

（开发者：陈群）

第四章
课程即生命旅程

课程应该成为学生一段美好的生命旅程,这段生命旅程将在孩子们的心中种下真、善、美的种子,启发他们完整理解生命的意义,积极创造生命的价值。正如杜威所指出的:"学校必须呈现现在的生活——即对于儿童来说是真实而生气勃勃的生活。"因此,课程应从生命的角度重建学生的生活,处理好科学世界与生活世界的关系。

小脚丫课程

课程即生命旅程 1

童年是一段美好的旅行,在这段旅行的路上如何给我们的孩子留下难忘的回忆,如何让孩子们获得汲取一生的素养?这是我们教育者所需要思考的问题。教育是儿童的教育,课程是儿童的课程,学习是儿童的学习。我们从过去寻找适合教育的儿童到如今寻找适合儿童的教育,教育成了孩子活动的一种特殊情境,要围绕孩子而变化。在我们看来,课程是学校办学的核心,表达着学校办学的价值追求。作为学校的课程,应该成为学生一段美好的生命旅程,这段生命旅程将在孩子们的心中种下真、善、美的种子,并在他们以后的人生中不断发芽、成长、开花、结果。更为重要的是,不仅要教会学生珍爱生命,更要启发他们完整理解生命的意义,积极创造生命的价值;不仅要告诉学生关注自身生命,更要帮助他们关注、尊重、热爱他人的生命;告诉他们我们的所作所为不仅要惠泽人类,还应该和其他物种和谐生活在同一片蓝天下;不仅要关心今日生命之享用,还应该关怀明日生命之发展。

基于儿童的成长规律,本章节设置的课程尊重孩子的认知特点,符合学生的成长需要,主要遵循学生生活的逻辑,以学生现实生活为源泉和基础,以学生生活的时间、空间为线索,选取学生需要的、感兴趣的,以及有发展意义的内容设计主题,使之成为孩子生命过程中一段美好的旅程。家长资源是生命旅程课程教育的重要资源。在生命旅程课程建设历程中,作为参与者和见证者将给予极大的支持与帮助,在孩子们的职业体验过程中真正成为孩子生命旅程教育的支持者、合作者、参与者,共同携手让生命旅程教育彰显出独特魅力和内涵。生命旅程课程可以帮助家长了解孩子身心发展的需求,遵循生命成长的规律,重视孩子渴望得到理解与尊重的心理,学习科学的家庭教育理念和方法。采用正确的方式与孩子交流和沟通,诚心关心孩子的生活,细心了解孩子的需求,用心倾听孩子的呼声,耐心解决孩子的困惑,营造温馨和谐的家庭环境,做成功的家长。

我们认为,课程内容的设计应超越"科学世界",关注"生活世界",关怀学生的现实生活。正如杜威所指出的:"学校必须呈现现在的生活——即对于儿童来说是真实而生

第四章 课程即生命旅程

气勃勃的生活。像他在家庭里,在邻里间,在运动场上所经历的生活那样。"因此,课程内容应从生命的角度重建学生的生活,处理好科学世界与生活世界的关系,重新审视学生的生命与生活,因为教育就是对学生的每一次生命活动进行关怀,学习过程就是一种享受生命的过程,这种关怀是社会价值、个人价值和教育自身发展价值在"生命活动"实践中的统一,在此教育实践中教师的价值也同时得到实现,生命质量得以提升。

让课程呈现更多生命旅程的神秘与精彩!

课程 4-1　职业启蒙

适合年级　一年级

课程背景

职业启蒙是帮助学生在初步了解、认识社会职业的基础上,根据自己的个性、兴趣、特长等特点,思考未来职业的教育活动。

职业启蒙不仅是个体职业生涯的起点,也是实现个体社会化的必由之路。实施职业启蒙不仅有利于学生规避未来升学、择业的盲目性,还有利于个体职业意向的形成,更有利于现代职业教育体系的建立及完善。

从儿童的心理发展规律而言,这个阶段的孩子正处于低级心理活动向高级心理活动的过渡阶段,其心理发展具有以下规律:思维能力由具体思维向抽象思维过渡,集体意识和个性逐步形成,认知结构基本完备,自觉性逐步增强,个体正处于人格和意识形成的重要阶段。因此,对该阶段的孩子实施职业启蒙教育及简单的职业训练,不仅有利于学生的身体发展,增强其身体的协调性、灵活性,还有利于其注意力的集中和职业意向的形成。随着社会的快速发展,在小学阶段对学生进行职业启蒙教育是非常有必要的,所以尝试着设计与开发小学生职业启蒙教育活动课程。

职业规划教育是一个系统化、分阶段开展的过程,应在小学阶段渗透职业教育内容,做好职业教育的衔接,要关注学生整个职业规划的发展,使学生在不断体验自我潜能的开发过程中领悟职业发展的积极意义,树立积极向上的生活观和正确的自我发展观。在小学阶段开展职业调查是职业规划中的基础教育,是一种"播种",是教育"启蒙",通过活动使学生们对社会职业有初步的认知和体验,是学生的一种成长需求。

小学生职业启蒙的设计与开发,改变了传统教育的狭隘空间,通过开放性综合实践活动体现了教育"始于课堂,走出课堂,融入社会"的思路与策略,携手家长、社会等将各方面的有利因素最大可能地整合为有益的教育力量,拓宽教育教学渠道,为学生的健康成长创造良好的育人环境。

第四章　课程即生命旅程

本课程理念：感悟多样职业，体验社会百态。职业启蒙课程以引导学生了解职业多样性，感受社会发展；体验职业甘苦，感恩父母；了解职业道德，学会合作进取；平等对待职业，树立正确价值观等为教育内容，能帮助学生了解社会，更好地健康成长。

课程目标

1. 了解各类职业的名称及具体工作内容，树立劳动光荣的意识。
2. 在日常生活中尝试着从一些力所能及的小事做起，亲身感受劳动的艰辛。
3. 树立尊重劳动的意识，敬重每一种职业，明白"敬业负责"是一项美德。

课程内容

本课程围绕职业启蒙这个中心议题，包含如下四个探究主题：

主题一：各种不同的职业

以班级为单位，各自说说爸爸妈妈的职业和工作内容，然后分小组组织学生开展对社会职业的调查和考察，让学生大概了解各种不同的职业，并初步了解不同职业的职业道德。

主题二：了解职业的多样性

调动社会教育资源、家长人力资源，与社会考察相结合，让学生走进社会，了解职业的多样性、平等性和良好的职业品质，引导学生面向社会、面向生活、面向自然，帮助学生了解社会，了解职业。也可以以班级为单位，每班寻找相应家长资源，采用"家长进课堂"向学生进行职业的介绍。通过家长资源使学生能够更多、更好地了解不同的职业，使职业启蒙教育具有一定的广度和深度。

主题三：体验真实的职业生活

为了提高职业启蒙教育的实效，可以招募社区、家长志愿者，形成一支校外辅导员队伍，采取让学生"走进社会职业"，如在交通安全专题项目中，学生们向警察叔叔学习交通法规，模拟情境，明理导行；在信息老师的带领下，学生们欣赏中国传统动画片，了解中国动画历史，尝试创作简单的动漫人物；在消防中队，学生们了解上海消防事业发展的过程,参与虚拟逃生;在职业模拟实践基地,学生们可观摩多个职业模拟岗位等。每班也可挖掘能够供学生参观和实践的工作环境,让学生真正"走进"职业。自己开店的家长,可以带领学生们到店看一看,让学生们体验自己当营业员;会做蛋糕的家长,可以带着学生们亲自动手做一做,体验一回当西点师的感觉;在电力局的家长,可以带领学生们参观发电厂,体验做个小小抄表员……通过教育模式的转变,为学生更好地了解社会职业提供了广阔的体验舞台,促进了学生对社会职业的更进一步的了解。

主题四:未来职业的畅想

结合学生兴趣,开发不同职业启蒙教育体验游戏,也可以让学生们设想未来可能产生的新职业,并以各种形式进行展示,使其亲身体验自己喜欢的职业。第一,由学生分组以各种形式表演职业工作中的事件。强调展示形式的多样性。可以以小队活动、主题活动等形式进行交流、展示。第二,未来职业设想。由学生根据现在社会的发展,设想未来可能产生的新职业,以各种方式展示给大家。激发学生的创造力和想象力。

同时,我们也可以通过与学校团队活动相结合,进行职业主题教育活动,从而激发学生的创造力和想象力。

课程实施

本课程共计 16 课时,教学采用图片资料、多媒体课件、音像资料等。主要面向一年级学生,以班级为单位开展活动。安排教师讲课、家长介绍、实地参观体验、观看视频、畅想未来职业等活动。在课程实施过程中,我们采用如下方法推进:

(一)调查学习

学生调查家庭成员的相关信息;调查现今社会上的职业信息;调查职业的变迁和发展,通过调查,知晓职业的特点和相关品德等。

(二)观察学习

利用假期让学生跟父母上一天班,体验父母职业的艰辛,从而明白父母对职业的态度和对家庭的责任；组织学生进行相关的职业考察，观察不同职业的不同特点等。

(三) 体验学习

以学生职业体验活动为载体，让学生在体验中初步感受职业的酸甜苦辣，了解"三百六十行，行行不容易"，从而发自内心地尊重不同的职业。

(四) 现场学习

寻找家长资源，通过家长带领学生们直接现场动手操作。比如：会做蛋糕的家长可以带着学生们直接动手做一做蛋糕，让学生们感受一回当西点师的感觉；当医生或护士的家长可以现场培训学生们护理的知识，让学生们经历当一名护士现场对"伤员"进行护理包扎的过程等。

(五) 实作学习

将教室模拟成一个场景，让学生们选择自己喜欢的职业，然后自由组合，小组合作，现场进行展演，从展演中感受劳动的艰辛。

在本课程实施过程中，要注意以下两点：一是学生实践体验与教师点拨指导相结合。教学活动中，教师的主要任务是给予建议和帮助，其作用贯穿于整个活动过程。二是实际和趣味相结合，在教学活动实施过程中，要针对学生年龄及心理特点，以形象、具体、生动、活泼的形式开展活动，努力设计富有趣味性的教学方式，让学生们学有所得、学有所乐，使他们在愉悦的氛围中体验自己喜欢的职业。

课程评价

本课程可采取多样的评价方法，重视学习结果的评价，更重视过程的评价。重视开展学生之间的互评和自评，鼓励学生通过活动充分表现自己。促进学生发展：以过程为主的、动态的发展性评价，注重在学习过程中的评价："学到了什么？""最大的感受是什么？""什么对你的启发最大？"等；提出注重个体的全面发展与潜能相结合的评价标准，过程和结果相结合的评价体系，自评和互评相结合的评价方式；综合运用多种评价的方法:倡导学生评价方法的多元化,通过行为观察、访谈、形成性评价和成长记录等。运用表现性评价的方法,在特定的任务和真实的情境中观察、收集和评价学生多方面的表现。

(一)积分制评价

调查现今社会上的职业信息,你能获得几分?

表 1　现今社会的职业信息调查评价表

学生姓名	调查 8 项及以上的职业信息(得 5 分)	调查 4—7 项职业信息(得 3 分)	调查 0—3 项职业信息(得 1 分)

(二)展示性评价

模拟自己感兴趣的职业,你能获得几个赞?

表 2　职业模拟评价表

学生姓名	积极性很高	积极性一般	积极性不高

(三)感悟性评价

说一说在体验学习和小组合作表演展示过程中,你有哪些收获?

表 3　体验感悟评价表

学生姓名	通过职业体验感触颇多,并从中体验到了令自己敬佩的职业	在职业体验的过程中有一定收获,并能领悟到劳动的艰辛	在职业体验过程中有所收获,但劳动意识不强

突出学生的自评:让学生成为评价的主人,通过自我参照、自我反思、进行自我评

价；参照他人的评价进行自我评价。让学生通过自我评价养成良好的自我反思、自我调整的习惯，使学生在学习中主动设计自我成长的历程，为自己的学习评价承担责任，真正成为评价的主人、学习的主人。

（开发者：张洁）

课程4-2　职业模拟

适合年级
二年级

课程背景

职业模拟是一种专门针对4—12岁孩子的全新体验式学习模式，带领孩子去各行各业体验各种岗位，让孩子在工作中体验式学习，开阔眼界、培养综合素质，以提高学生的各方面能力。

当今社会，孩子的语言表达能力、人际交往能力、团队合作能力、与人沟通能力、自理能力、理财能力、心理承受能力、对社会的适应能力这八大能力都影响和决定着孩子一生的发展和幸福程度。

遵循以学生为主体的原则，从学生的天赋、兴趣出发，帮助学生了解自己、认识职业世界，增强应变能力、表达能力、动手能力、团队协作、责任心等，开发职业模拟课程。职业模拟课程的开设，除了让学生接受一些基本的理论知识外，还提供给学生一个课外实践的基地，培养他们规划未来职业、适应社会竞争的能力等。通过角色扮演，情景演绎，职业模拟，巧妙地将学习与实践结合起来，形式灵活多样。

本课程理念：模拟各个不同的职业，体会不同岗位所承担的职责也不同，便于学生认识社会——适应社会——融入社会。职业模拟课程在模拟各种职业的基础上，了解职业的多样性,感受社会发展;体验劳动的快乐与艰辛,感恩父母;增长见识、开阔眼界,同时能够锻炼各种能力。

课程目标

1. 通过情景演绎,了解社会中的岗位及不同职业工作的内容。
2. 开展丰富的活动,体验劳动的快乐与艰辛,形成劳动的意识和方法。
3. 通过角色扮演,体会岗位的不同所承担的职责也不同。
4. 通过参观职业模拟基地,增长见识、开阔眼界,同时锻炼各种能力。

课程内容

本课程以职业模拟为主题,包含以下四个主题:

主题一:演一演说一说

通过情景演绎,演一演环卫工人等各种职业,说说其他职业的工作内容,体验社会中的职业特征,体会各个不同职业的艰辛。

主题二:班级中创设职业进行模拟

根据班级实际情况,创设班级中的小岗位,由学生担任。如预设的职业岗位:小花匠、地面美容师、黑板美容师、小老师(课代表)、小巡警、节能员等,让学生亲身体验各个职业岗位的职责,将来做一个有担当的人。

主题三:参观职业模拟基地

通过对"星期八小镇"进行实地考察,亲身体验,模拟各个不同的职业,让学生通过体验感知父母工作的辛苦,树立尊重劳动、劳动光荣的意识。

主题四:跟着父母去上班

跟着各自的爸爸或妈妈去上一天班,进行职业模拟,锻炼自己各方面的能力,并在班级中交流自己的感受。

课程实施

本课程共计15课时。主题一和主题二的教学内容可在学校里进行教学。主题三的内容要带着学生走出校园去参观体验。主题四的内容可放在暑假,让学生跟着父母去进行职业模拟。教学采用自编教材、互联网、多媒体等。主要面向二年级学生。在课程实施过程中,我们采用如下方法推进:

(一)情景演绎

情景演绎是为学生创设自由、宽松、形象逼真的情景,使学生仿佛置身其间,如临其境,并鼓励和支持同伴之间的互动与交流,让学生想说、敢说、喜欢说;想做、敢做、喜欢做。通过创设各种情境,让学生模拟体验各种职业的生活经验,从而丰富语言内容,增强理解和表达能力,并调动学生的学习积极性、自觉性。活动过程中分为具体的几个情景,可让学生自由结合组成小组,探究、讨论各自的情景进行演绎,培养他们互帮互助、团队合作的能力。

(二)参观体验

参观体验是教师带领学生到"星期八小镇"进行实地参观和模拟体验。通过参观与模拟,了解职业的种类,亲身体验职业的艰辛。无论是观赏、参观、访问、情景的模拟,还是活动、角色的扮演等具体的体验学习,都是让学生作为主体亲自参与,亲身经历,这种体验外人无法代替。在参观体验的过程中,学生的所有感觉器官都被调动起来,多途径地学习感受。

(三)亲身模拟

模拟就是对真实事物或者过程的虚拟。本课程中安排了一天跟着父母去上班,让学生对父母工作的职业有所了解,并亲身体验父母每天工作的艰辛。

(四)多元评价

学生的能力是多方面的,每个学生都有各自的优势。学生在意义建构过程活动中，表现出来的能力不是单一维度的数值反映，而是多维度、综合能力的体现。因此对学生学习情况的评价应该是多方面的，采用多元评价体现了主体多元化，内容多维化，方法多样化，促进学生全面发展。

课程评价

制定具有创新意识为内涵的认知、操作、情感三方面的评价标准，采用多样的评价方法，重视开展学生之间的互评和自评，鼓励学生通过活动，充分表现自己，展示自己。教师在重视学习结果评价的同时，更关注学生学习过程的评价，结合以上情况，将采取以下的评价方式。

（一）积分制评价

表1 情景演绎社会上的各种职业评价表

小组	情景创设生动形象，语言表达流利而有感情，内容丰富，有积极的思想（得30分）	情景创设生动形象，语言表达流利，但内容一般（得20分）	情景创设比较形象，但语言表达一般，内容也一般（得10分）	总分
第一小组				
第二小组				
第三小组				
第四小组				

（二）展示性评价

模拟自己感兴趣的职业，你能获得几个赞？

表2 职业模拟评价表

学生姓名	积极性很高	积极性一般	积极性不高

(三) 综合性评价

通过学习《职业模拟》这个课程,你的综合能力提高了吗?

表3 综合能力评价表

评 价 内 容	评 价 等 第							
	自评				互评			
	A	B	C	D	A	B	C	D
参与主题活动的积极性								
主题活动中的感悟或体会								
团队合作能力								
模拟实践能力								
学习的收获或成果								
教师综合评价								

在多元评价中,要求对学生的学习评价既要有教师的评价,同时也要重视学生的自我评价和相互评价,这样才能充分发挥评价的主体互动,评价内容多元,评价的形式多样,评价的过程动态。既有生生间的互评,又有组间互评的评价。强调学生在教学过程中自我评价、互相评价和教师评价相结合,也只有学生全员参与的生生、组间、师生评价才能是即时的、客观的评价,是真正的过程评价。

(开发者:陆洁)

课程 4-3　职业理想

适合年级 五年级

课程背景

职业理想是我们人生发展的指路明灯、方向标、动力来源、信仰、精神支柱、力量源泉等。小学五年级学生正处于心理逐渐走向独立的关键时期,开始了解和关注不同的社会群体,基本上能分清各种不同的社会职业。对自己将来要从事的事业也有所憧憬。此时打下基础,将影响学生一生的发展。职业启蒙与规划教育的起步与发展,将有助于消除孩子与职业、与社会之间的断层,让他们能拥有一个美好的未来。

我们都知道,个人追求的目标越高,他的才力就发展得越快,对社会越有益。所以让学生认识职业理想对人生发展、社会发展的作用,以及职业生涯规划与职业理想的关系,初步形成正确的职业理想观,基本形成正确的职业价值取向,形成关注自己职业理想发展的态度势在必行,而且越早越好!

本课程理念:让学生认识自我、了解职业、体验社会,从而准确规划自己的美好未来。对学生的职业教育应该从小开始。让学生在求学的阶段接触不同的职业领域和岗位,找寻自己喜欢的职业,并逐渐培养对职业的兴趣和爱好。

课程目标

1. 理解职业理想的概念。了解不同职业的特点,感受各职业的艰辛,体会劳动的快乐。

2. 认识职业理想对人生发展、社会发展的作用,以及职业生涯规划与职业理想的关系。

3. 在学习中形成比较鉴别、综合分析、理论联系实际的能力。通过参与活动,初步形成正确的职业理想观,基本形成正确的职业价值取向,形成关注自己职业理想发展的态度。

第四章　课程即生命旅程

课程内容

本课程围绕职业理想这个中心议题,包含如下三个探究主题:

主题一:说说社会中的职业、创建班级职业

让学生自己搜集不同职业的工作内容,将自己知道的职业知识与班级的小岗位建设相结合,创建自己的班级职业岗位(其中在分配班级岗位的时候穿插职业平等、尊重劳动的教育)。在班中开展"我的职业理想"演讲比赛,投票选出"我们心中的理想职业",自主申报班级职业小岗位。

主题二:进行职业社会调查

培养学生接触社会的能力,收集信息的能力,根据不同的调查内容,确定不同的教育目标。调查内容可涉及:职业中的故事;职业中的性别问题;参与不同职业的要求;职业的发展前景判断等等。请同学们写出自己的名字、爱好、选择此专业的原因、如何实现自己的职业理想。说说爸爸妈妈和周围人的职业,你喜欢他们的职业吗,为什么。写出自己的理想职业,说说为什么选择这个职业。查阅资料,了解自己的理想职业。

主题三:我的理想,从这里启航!

让学生基于对职业的调查,分析职业的特点、认清自身的优劣,选择职业目标。关键在于培养学生理性分析的思维能力,以及为自己理想努力的精神。通过讲故事和小小论坛让学生认识职业理想对人生发展、社会发展的作用,以及职业生涯规划与职业理想的关系;让学生交流自己搜集的材料并选出心中的理想职业,让他们形成正确的职业理想观,基本形成正确的职业价值取向,形成关注自己职业理想发展的态度。认识到不管做什么工作,都应该"干一行、爱一行",以兢兢业业的工作态度、无私奉献的公仆精神,尽自己最大的能力把工作做好!

课程实施

本课程共计 16 课时,教学采用图片资料、多媒体课件、音像资料等。主要面向五年级学生,以班级为单位开展活动。安排教师讲课、家长介绍、实地参观体验、观看视频、畅想未来职业等活动。开展全学科的渗透和整合,充分利用家长资源。与周边社区企业沟通交流,为学生提供实践活动的基地。体验各种职业,通过实践引导学生认识自我,唤醒潜能,逐步认清自己的人生目标,根据个人实际自觉主动选择未来。在课程实施过程中,我们采用如下的方法推进:

(一) 调查法

调动社会教育资源、家长人力资源,与社会考察相结合,尝试在小学阶段开展职业启蒙教育,结合实践,注重认知体验的过程,让学生走进社会,能够了解职业的多样性、平等性和良好的职业品质,引导学生面向社会、面向生活、面向自然,帮助学生了解社会,了解职业。组织学生调查家庭成员的信息;调查社会上的职业信息;调查职业的变迁和发展,通过调查,知晓职业的特点和相关品德等。

(二) 观察法

让学生跟父母上一天班,观察父母职业的艰辛,从而明白父母对职业的态度和对家庭的责任;招募社区、家长志愿者,形成一支校外辅导员队伍;在交通安全专题项目中学生们向警察叔叔学习交通法规,观察并模拟情境,明理导行;组织学生进行职业考察,观察不同职业的特点等。

(三) 行动研究法

改变传统教育的狭隘空间,通过开放性综合实践活动体现出教育"始于课堂,走出课堂,融入社会"的思路与策略,携手家长、社会等各方面的有利因素,最大可能地整合为有益的教育力量,拓宽教育教学渠道,为学生的健康成长,创造良好的育人环境。以学生职业体验活动为载体,让学生在行动中初步知道职业的酸甜苦辣,理解"三百六十行,行行不容易",从而尊重不同的职业等。

(四) 问卷法

通过问卷,进行课程实践后的效果对照,不断完善课程化研究。

第四章　课程即生命旅程

课程评价

从多元角度形成初步的评价标准（如按角色分：家长、教师、自我、伙伴；按内容分：态度、合作、技能、情感）。

注意三种评价标准相结合：形成性评价与终结性评价相结合，定性评价与定量评价相结合，反思评价与鼓励评价相结合。

（一）学习过程评价

以鼓励性评价、学习习惯形成性评价等定性评价为主，评价标准注重反映学生的个体差异。评价学生学习过程中积极参与意识，评价学生参与信息收集、汇总与交流的能力，评价学生应答问题的能力等等。

（二）学习结果评价

1. 能力考核

（1）学生自主设计小论文

要求学生从自己生活和社会生产中主动发现问题、分析问题产生的原因、提出解决问题的方案，确定一个研究专题。教师对小论文做出评价，对优秀论文的科学性、合理性、前瞻性、创新性观点要充分肯定。

（2）职业风采展示节

第一，由学生分组以各种形式表演职业工作中的事件。强调展示形式的多样性。可以以晚会、主题活动等形式进行全校范围的交流、展示。

第二，未来职业设想。由学生根据现在社会的发展，设想未来可能产生的新职业，以各种方式展示给大家。激发学生的创造力和想象力。

2. 知识考核

学期结束时，可以本学期校本课程专题为背景资料，对学生学习做出定量评价。

对学生采用形成性激励评价方式，注重学生主体参与实践的过程及在这一过程中所表现出来的积极性、合作性、操作能力和创新意识。过程评价与结果评价相结合，关注学生的个体发展，尊重和体现学生个体发展。以促进实现自身评价为最终目标。

在实践中，我们主要采用自我评价、教师评价相结合的评价方式，根据学生的参与程度及活动进程中的表现给予相应的等级。

表1 "职业理想"评价单

评价项目	评 价 要 点	自评	互评	师评
参与态度	1. 认真参加每一次活动			
	2. 努力完成自己承担的任务			
	3. 做好资料积累和处理工作			
	4. 主动提出自己的设想			
	5. 乐于合作，能和同学交流，尊重他人			
获得的体验	6. 善于提问，乐于研究，勤于动手			
	7. 有一定的责任心，能对自己进行"反思"			
	8. 实事求是，尊重他人想法与成果。不怕吃苦，勇于克服困难			
学会学习	9. 能用多种途径获取信息			
	10. 能运用已有知识解决问题			
能力的发展	11. 有求知的好奇心、探索的欲望			
	12. 独立思考、自主学习，主动发现问题，提出问题，寻求解决问题的方法			
	13. 积极实践，发挥个性特长，施展才能			

（开发者：朱文秀）

第四章　课程即生命旅程

课程 4-4　爱心农吧

适合年级 四年级

课程背景

《上海市中长期教育改革和发展规划纲要(2010—2020年)》提出,为了适应时代发展和学生成长的需要,我们要深化课程和教学改革,把发展学生兴趣特长、创造性思维和自主学习、独立思考、合作沟通能力贯穿到课程教学全过程。

江桥小学始终秉承"为每一个江小学生提供健康快乐成长的乐园"的办学宗旨,为了每一个学生的终身发展,多年来始终把以培养学生实践能力、创新精神的科技教育视为重点。近年来,学校又投入资金加大活动室、陈列室、屋顶暖棚、校园种植基地等硬件建设,并建成模块式生态种植园创新实验室,为学生创设了良好的科技教育环境。基于以上条件,提出建设"爱心农吧"生态种植体验式课程。

本课程理念:创新实践,科学种植。我们以项目为引领,倡导以学生为主体的学习方式,调动学生学习的主动性、积极性和创造性,激发学生的创新思维,同时在项目实践中逐渐掌握思考问题、解决问题的方法,提高学生创新实践的能力,并且在活动中增强学生的人文素养和环境意识。

课程目标

1. 了解传统种植技术、无土栽培技术的相关知识及其发展,比较无土栽培种植果蔬与传统种植技术的不同,对农业技术的学习产生兴趣,提升科学素养。

2. 能利用工程学和技术解决自动浇花、手动授粉等问题,了解一些科学研究的方法,提高解决问题的能力,感悟团队合作的优点。

课程内容

本课程以"生态种植"为核心，同时整合《自然》《探究》等基础型课程和研究型课程，是对基础型课程和研究型课程的校本化延伸，提高学生在创新意识与实践能力环节的有效性。本课程共8个单元，具体内容如下：

第1单元：打开农业大门——农业的发展（1课时）

农业知识是学习本课程的基础，要打开农业这扇大门，就要了解农业的发展。学生可以通过收集资料、观看视频、小组讨论、合作探究等形式学习农业相关知识，为后面的课程内容学习做好准备。具体内容：了解农业发展史，现代农业的发展；寻找现代农业中有关技术的实例；世界不同地区的农业实例。

第2单元：探究微观世界——种子的萌发（6课时）

种子是植物的繁殖体系，对延续物种起着重要作用。种子虽随处可见，学生却对其了解不多。用实验研究种子是深受学生喜爱的学习方式，还能培养学生对农业技术的学习兴趣，提高实践能力。具体内容：解剖种子，了解种子的结构及其功能，并进行观察、绘画和记录；探究种子萌发的条件，利用STEM科学研究方法，确定研究项目的假设、变量及常量等；学习对研究方法进行科学论证和改进；开展种子萌发探究实验；制作种子萌发科学模型。

第3单元：新型栽培技术——无土栽培技术（5课时）

无土栽培技术是一种新型的栽培技术，能有效防止病害，充分满足作物对矿质营养、水分、气体等环境条件的需要，具有省水、省肥、省工、高产优质等特点。学生通过实验操作，能了解到更多该领域科技前沿的知识。具体内容：了解无土栽培技术及其发展前景；了解各种无土栽培技术的特点；无土栽培与传统种植的实验探究比较；探究无土栽培的条件，制作自动浇花器。

第4单元：生长魔术师——神奇的营养液（4课时）

营养液是无土栽培技术中非常重要的一部分，是无土栽培作物所需矿质营养和水分的主要来源。学生通过探究、实验等方式学习，了解营养液的相关知识，能提升解决问题的能力。具体内容：了解无土栽培中水与营养液的密切关系；了解无土栽培供液方式及其选择；以小组形式根据种植植物开展种植水质和营养液的探究；制作植物生长自然笔记。

第 5 单元：生命的延续——植物的繁殖(5 课时)

植物的繁殖是植物生命的基本特征之一,是植物生命循环过程中最重要的环节,是大自然生生不息的基础,持续不断地为我们提供各种资源。小组合作探究相关知识,能感悟团队合作的优点。具体内容:了解植物的繁殖方式;认识植物的花及其结构;无土栽培技术中如何进行植物授粉及繁殖;小组探究本小组种植植物的授粉方式;设计创造手动授粉器。

第 6 单元：种植警报器——植物病虫害(5 课时)

植物病虫害是种植植物时非常容易遇到的问题,会对植物的生长带来非常不利的影响。学习相关内容,能及时预防和减少植物病虫害带来的不良后果,保证植物的正常生长,有效提高种植产量。具体内容:了解植物病虫害;小组探究种植植物常见病虫害;小组设计预防植物病虫害方法;建立病害虫侦查手册。

第 7 单元：建立种子库——种子的保存(4 课时)

种子是农业生产中最基本、最重要的生产资料,有效保存好种子有着重大的意义。在保存过程中,要保持种子活力、纯度和净度,保证其萌发性能,为农业生产提供合格的播种材料。具体内容:了解植物的丰收硕果;了解植物种子保存方法和技术;了解植物种子库及其建设;小组探究种植植物种子的保存。

第 8 单元：产品展示会——学习总结(2 课时)

在整个课程的学习过程中,学生通过积极参与,动手实践制作了一些作品。学生将制作的自动浇花器、手动授粉器、植物生长自然笔记、病虫害侦查手册作为产品进行展示,提高综合能力素质。具体内容:开展课程学习总结、讨论;产品文创设计;产品营销策划及推广介绍。

课程实施

本课程每周 1 课时,一学期共计 16 课时,一学年共计 32 课时。上课地点为多媒体教室和学校菜园。教学采用自编教材、互联网、多媒体课件、音像资料等。主要面向对农业种植有兴趣的学生。主要以 2 人小组的形式开展学习,一共 12 人。具体实施方式如下：

（一）启发讲授

启发讲授是将传统的讲授式教学和现在所倡导的启发式教学相结合。可以用图片、文字、视频等多种多媒体形式展示农业发展史，介绍世界不同地区的农业实例，直观地讲授农业的相关知识，使学生通过感知理解学习内容，启发并引导学生讨论"如果给你一块地，你将种什么"，调动学生的学习积极性、自觉性，学生分组探究讨论小组项目，培养团队合作能力。

（二）实地参观

实地参观是教师带领学生到学校菜园和植物创新实验室进行参观。参观的是传统的土培、无土栽培两种环境。在参观过程中，学生主要通过观察比较植物在不同环境下的生长情况，并对观察到的现象进行分析，了解无土栽培和传统种植技术的相关知识。

（三）观察实验

观察实验是让学生通过实验将自己所观察到的植物生长相关资料记录下来。学生通过解剖种子进行观察，绘画和记录相关内容，也可通过观察植物的生长情况，绘画记录，制作成植物生长自然笔记，并利用相关理论知识，对观察的数据和现象进行科学分析。

（四）动手操作

本课程学习过程中，有一些需要学生亲自动手操作，制作一些模型等。比如：制作种子萌发科学模型、自动浇花器、手动授粉器。通过应用所学知识，并动手操作达到巩固知识的效果。

课程评价

本课程侧重于培养学生解决实际问题的能力，关注学生的真实能力。因此，其评价过程不同于以往单一的评价方式，强调多元评价主体、形成性评价、面向学习过程的评价。因此,本课程的教学评价包括形成性评价和总结性评价。

(一) 形成性评价

除了对课堂上表现的即时评价,还有一些有记录的过程性评价。

1. 出勤情况:一学期出勤 13 次以上为优良,10—12 次为合格,10 次以下为不合格。

2. 提问发言:坚持每节课提问发言为优良,偶尔提问发言为合格,从不提问发言为不合格。

3. 作业情况:按时按要求交作业为优良,晚交作业为合格,不交作业为不合格。

4. 小组合作:主动参与小组合作为优良,经提醒能参与小组合作为合格,不愿意参与小组合作为不合格。

(二) 总结性评价

1. 知识考查评价

对基本知识进行阶段性和总结性的考查。正确率 80% 以上为优良,60%—79% 为合格,60% 以下为不合格。

2. 展示性评价

学生将制作的自动浇花器、手动授粉器、植物生长自然笔记、病虫害侦查手册作为产品进行展示。另外,学生还需要制作文创宣传推销自己的作品。教师根据作品的质量和文创的设计情况进行打分,学生进行投票,综合评选出"最佳产品"、"最佳文创设计"。

(开发者:苏秋兰)

课程 4-5　小小自然探究家

适合年级
四年级

课程背景

在小学阶段,儿童对周围世界有着强烈的好奇心和探究欲望,他们乐于动手操作具体形象的物体,这一时期是培养科学兴趣、体验科学过程、发展科学精神的重要时期。

本课程秉持"与自然面对面,与科学心连心"的理念,强调亲身经历科学探究的过程。本课程以培养小学生科学素养为宗旨,积极倡导让学生亲身经历以探究为主的学习活动,培养他们的好奇心和探究欲,发展他们对科学本质的理解,使他们学会探究解决问题的策略,为他们终身的学习和生活打好基础。

科学探究要注重过程,注重学生的"体验",学生只有在探究过程中深刻体验成功、体验挫折、体验合作、体验质疑、体验挑战,才是真正探究了科学,真正实现了动手动脑,即使探究失败了,对学生来说,也是一笔丰富的财富,同样具有重要的教育价值,使学生体会到"原来科学研究这么不容易,科学家真了不起"。

本课程理念:让学生把所学的知识和技能应用于实际生活,这是由自然科学的实践性特点所决定的。在应用过程中,一方面使学生的知识和技能得到巩固和提高;另一方面,当学生遇到困难时,必然要全力以赴,积极动脑,想尽一切可能,创造性地运用种种条件,解决困难,从而使自己的能力得到发展。学生在实践活动中能自觉运用学到的知识和方法探究新的问题,这也正反映了激发学生探究兴趣的重要性。

课程目标

1. 了解科学、技术与社会的关系,产生对科学的兴趣和求知欲,乐于学习与周围世界有关的科学知识。

2. 体验科学探究的过程和方法,形成科学的认知方式,丰富童年生活,发展个性,

第四章 课程即生命旅程

开发创造潜能。

3. 能养成细心观察、勇于探究的习惯。

课程内容

本课程以自然探究为中心,包含以下3个探究主题:

主题一:物质世界(5课时)

1. 磁铁的妙用:用磁铁和缝衣针制作指南针,组织学生交流有关指南针的图文资料,并用简易指南针辨别方向。

2. 沉与浮:探究不同物体的沉与浮。通过探究,了解什么是浮力及其在生活中的应用,初步了解和体验物体沉浮应具备的一些条件,通过改变这些条件来控制物体的沉浮。

3. 猜猜你吃的是什么:通过味觉、嗅觉感知食物,知道各种感觉器官对生活的重要性。

4. 神奇的毛细现象:让玫瑰花变成蓝色,感受植物的毛细现象,通过研究毛细现象,使学生知道孔隙的大小与毛细现象的关系,学会制造孔隙产生毛细现象。

5. 水的三态变化:设计完成水的三态变化实验。水在自然界有各种形态——云、雾、雨、露、霜、雪、冰、水蒸气……即水在自然界同时以液态、固态和气态存在。水在自然界不断经历着三种状态的循环变化,促进水的三态变化的原因是温度的变化。

主题二:生命世界(2课时)

1. 我饲养的小动物:分组交流自己饲养的小动物的生活习性、外貌等,了解人工饲养动物的生活,学会一种动物的饲养方法。

2. 不同植物的叶:观察各种植物叶子的形态特征,了解植物的叶子是多种多样的,同一种植物的叶子具有共同的基本特征。掌握植物的叶子一般由叶片和叶柄组成,叶片上有叶脉。叶也是有生命的,叶从叶芽开始生长,到最后衰老死亡,完成了一生。

主题三:动手动脑(5课时)

1. 吹不翻的名片:将名片折成各种形状使其吹不翻。通过制作特殊形状的名片,了解改变物体的形状可以使其更稳定。

2. 用吸管做笛子：利用吸管模仿乐器使其发声，使学生会用吸管做笛子，体会空气柱发出音调的原理。

3. 怎样溶得快：尝试用搅拌、加热、加水等方法使食盐充分溶解，培养学生的实验能力，初步学会对比实验的方法。

4. 纸桥承重：设计制作纸桥使其能承重 200 克的砝码，在实验过程中，认识到纸桥的形状不同，承受力大小也就不同，培养学生善于提出问题、积极解决问题的科学探究能力。

5. 制作隐形墨水：利用柠檬汁写字，将纸晾干再使字显现出来，了解到加热后被水溶解的化合物会分解开来，产生黑色的碳。

课程实施

本课程共计 12 课时。教学采用自编教材、各种实验材料、互联网、多媒体课件、音像资料等。主要面向对实验探究活动有兴趣的学生，分组开展活动。

具体实施过程如下：

（一）主题确定与小组形成

从四年级学生中挑选共 20 人参加，分五组，每组 4 人，每周开展一个主题探究活动。

（二）主题探究与过程指导

通过教师准备实验材料和学生自备实验材料两种模式开展探究活动，明确探究主题和具体要求，学生尝试探究，教师巡视指导。努力创设情境让学生发现问题，主动探究。学生自己发现问题、提出问题，是进行科学探究的开始。舍授之以鱼，取授之以"渔"。想让学生在科学探究中提高其科学素质，重要的还是要让学生掌握有效的科学探究方法。因此，在科学探究中，教师除了激发学生的探究兴趣和为学生提供充分的参与条件外，还要加强对学生进行科学探究方法的指导。

（三）结果交流与延伸思考

交流实验结果，思考实验原理，想想在生活中的运用。教师是引导学生开展科学探究活动的参与者、组织者，所以在探究的过程中，教师应该认真对待学生提出的每一个问题，并且作出正确的评价。

具体实施方法如下：

1. 观察法：让学生观察物体的现象，搜集所需材料。
2. 对比法：对比不同的实验结果和实验设计。
3. 实验法：学生分组制作，自主探究，实践操作。
4. 转换法：对于看不见，摸不着的东西或不易直接观察认识的问题，通过它所产生的作用或其他途径来认识它。
5. 模型法：建立模型，透过现象显示复杂事物及过程，帮助研究无法直接观察的现象。
6. 展示法：学生分组展示作品，自评互评。

课程评价

（一）对探究能力的评价

学生参与小组合作探究时，有分工有合作，做到各司其职，各尽所能。在合作学习中他们不同方面的能力将会得到发展。学生在探究能力发展中，需要教师的及时指导。因此，教师需要有一些关于描述能力的模型。

表 1　学生探究能力评价表

探究的技能	水平 A	水平 B	水平 C
提出问题	能紧密围绕探究主题提出问题	提出的问题与探究主题不够确切	不能提出问题
猜想假设	能够猜想假设，还能说出根据	能够猜想假设，不能说出根据	不能猜想假设

续 表

探究的技能	水平 A	水平 B	水平 C
制定计划	能够制定计划,计划切实可行	能够制定计划,计划针对性不强	不能制定计划
观察	有序、仔细、描述准确	有序、仔细、描述准确,某些方面有缺陷	无序、不仔细、不知道怎么描述
实验	能够实验,条理清晰,操作得当	能够实验,条理不清晰,操作不得当	不会实验
制作	能够制作科学模型,作品有创造性	能够制作简单的科学模型	不会制作
搜集整理	能够搜集整理,证据充分	能够搜集整理,证据不够充分	不能够搜集整理
分析解释	能够分析解释,根据事实作出合理解释	能够分析解释,但不够准确,条理不够清晰	不能分析解释

(二) 对情感态度与价值观的评价

主要评价学生在小组合作学习中对待科学学习与探究活动的态度,以下为评价学生的标尺。

表 2　学生情感态度价值观评价表

水平 A	水平 B	水平 C
有好奇心,探究欲望强烈	有好奇心,但探究欲望不够强	好奇心不强,没有探究欲望
在活动中胆大心细严谨	在胆大心细严谨方面表现不够	胆小,不参与
乐意合作与交流,气氛融洽	乐意合作与交流,气氛不和谐	不愿意合作交流

(开发者:李轶群)

第四章 课程即生命旅程

课程即生命旅程 2

| 课程 4-6　我与社区 | 适合年级 二年级 |

课程背景

社区是生活在一定区域内的个人或家庭，出于对文化、教育等目的所形成的生活上相互关联的大集体。社区一切活动的开展都关联着人与人、家庭与家庭、社区与社区的文化传达。

学生是社区中占有极大比例的个体，作为国家成长中的储备力量，他们的学习、成长都应摆在首要位置。通过游学，学生可快速了解社区、融入社区集体，活动过程中的生成性资源对学生的能力提高和心智健全都有着不可忽视的作用。

游学使学生离开自己相对熟悉的环境，前往新环境中进行学习和旅行，以拓宽学生视野、扩展知识储备、感受文化差异、提高综合素质和能力的过程,是素质教育的重要组成部分。

本课程理念:趣味游社区,助学促成长。游学蕴含着丰富的教育元素,"开心游学"课程的开发,充分考虑小学生对生活充满新鲜感、勇于探究、乐于实践的年龄特点,从学校、社区、街镇、区、市五个维度,通过游走、游玩、游戏的形式,让学生进行自由体验、自由活动、自由学习的活动,以游促学,让学生拓宽视野,给学生体验、学习和发现的空间,丰富阅历,增长见识,锻炼人际交往能力,培养学生团结协作意识,增强学生体魄,考验学生意志,并养成热爱生活、热爱家乡的意识。

课程目标

1. 知道自己家所在社区的名称、地址及特色,热爱自己的社区。

2. 能用一两句话介绍社区的功能设施,培养爱护公共设施的意识。

3. 参与社区的丰富活动,认识到自己是社区的一分子,在参与的同时使动手能力、思维能力、组织能力、观察能力、交际能力等得到锻炼,成功的同时感受自信和生活的乐趣,提高解决问题的能力和协作意识。

课程内容

本课程旨在增进学生对社区的了解,除相关理论知识的讲座外,主要以绘制简单的家庭社区到学校的地图、拍摄社区照片向同伴介绍社区名称和所在地址等实践性活动让学生在观察、接触、解决、推广等行动中将自身与社区紧密连接。本课程共分为三个主题,具体内容如下:

主题一:了解社区

1. 美丽的社区:以小班为单位(从年级中抽取16名学生参加,可根据学校情况调整人数)展示学校附近各个社区图片,引导学生了解何为社区,通过生活中对社区作用的了解,学习社区的构成、作用和存在的意义,感受社区、家庭与个人间的紧密联系。

2. 我来调查:教师指导学生以自己的社区为调查对象,在家长、邻居或社区工作人员的帮助下自主调查,并予以观察和记录,在实践活动中提升能力。

3. 社区与生活：以四人小组为单位分享展示自己的调查结果，再以小组的形式将结果汇总，向老师、同学展示自己的调查结果，并进行补充介绍，感悟社区与家庭生活的联系。

主题二：走进社区

1. 社区里的"游戏"：结合社区丰富多彩的活动资料，知道不同社区有不同的特色，如老年舞蹈团、儿童烹饪学校、昆曲文化、剪纸艺术等。招募社区工作人员为志愿者向学生介绍活动，带领学生走进社区观摩和参与。

2. 我的社区，我的家：在第一次调查的基础上，以四人小组为单位再一次深入调查自己的社区有何特色游戏，制作特色小报，记录并介绍展示。如学生家庭原本经常参与社区活动，可将家庭的参与情况融入小报中汇报，激励学生融入社区，培养交际能力。

3. 我是小小规划师：鼓励学生发挥丰富的想象力规划自己心中的美好社区，组内探讨并以绘画或模型等形式展示，请社区志愿者评出"最佳规划师"、"最佳创意"、"最佳团队"等奖项。

主题三：我是社区小主人

1. 我是环保小卫士：与社区沟通协调，组织学生以四人小组为单位在社区中打扫卫生、铲除小广告等义务劳动，请社区家庭配合敲章集点，调动学生积极性，体会环卫工人的不易，从小养成环保习惯。

2. 我为老人献爱心：在社区工作人员安排下，组织学生以小组为单位为社区孤寡老人送温暖，可以送上自己准备的小礼物，为老人捏捏肩、捶捶背，为老人表演节目，培养学生成为有爱心的人。

3. 发"福"字，贺新春：在社区工作人员安排下，小组成员于自己的社区中挨家挨户发"福"字，为社区人民送上新春祝福语。

4. 我的收获：组内探讨活动过程中遇到的问题及解决办法，小组展示活动资料和过程，分享活动体会。

课程实施

本课程共计16课时，其中实践活动需2课时完成。教学采用图片资料、多媒体课件、音像资料、社区资源等,以小班或四人小组为单位进行课堂教学及实地考察。课程集"游"、"学"一体,教学手段主要包括:欣赏学习、实地考察记录、小组合作探究、趣味实践活动、小组展示分享。具体实施方法如下:

1. 欣赏学习:在教师指导下了解社区的主要组成部分,欣赏不同社区组织的趣味活动图片、视频资料等。

2. 考察记录:组员利用课余时间搜集社区资料,将居民生活、社区活动、组内考察、实践活动等以照片、图片、文字形式记录在册,形成《考察记录册》。

3. 合作探究:分享社区资料,组内探讨心目中的社区剪影并规划最合理社区的形象,组外进行探讨研究并制作成果展示。

4. 趣味实践:邀请社区专业人士为学生介绍社区特色活动,如戏曲、剪纸、舞蹈、合唱等,运用讲解、实践参与等有趣的教学形式;以小组为单位走进社区,铲除社区里的小广告、打扫卫生、慰问孤寡老人、上门送福字等。

5. 小组展示分享:分享小组实践活动中的图文资料、合作探讨过程中遇到的问题及解决问题的方法等。

在实施过程中要关注以下几点:

1. 关注知识趣味性

在选取活动素材时应以趣味性为主,能随时吸引低年级学生的注意力,充分调动学生的主观能动性。

2. 关注选材生活性

活动素材在选择上应尽可能生活化,易于学生理解、方便掌握、能及时融会贯通,学生有能力自行寻找解决方案,自身的综合能力才能得到有效锻炼。

3. 关注活动操作性

在活动前应做好相关联系工作,取得居委、物业或住户的支持,技术较难、操作要求较高的活动可以参观、采访、模仿的形式展开,在多次活动后,学生有了经验,再在指导教师或社会人员带领下进行小组合作探讨。

4. 关注团队合作性

二年级孩子较多以自我为中心,正处在自我意识形成的阶段,因此教师应多鼓励学生,但避免小组内一人独大的现象,引导学生关注组员的想法和建议,小组内任务分配、团队合作结果也应作为评价标准之一。

5. 关注评价激励性

低年级学生乐于听取赞美的话语，因此教师应以激励性语言为常用评价性语言，旨在调动学生参与的积极性，在成功中成长。

课程评价

基于二年级学生对生活的强烈好奇心、对身边事物的认识基础，本课程的设计应关注学生兴趣、能力、意识、成果展示等方面，通过自评、小组评价、激励评价、教师评价四个不同评价者的多种形式的趣味性评价，让孩子在生活中快乐学习，产生主动学习意识，拥有自主学习、解决问题等综合能力。

（一）趣味书签评价

学习源于生活，源于学生对未知的好奇心。本课程引导学生观察生活、进一步了解身边熟悉事物所隐藏的层面，开拓学生思维，激发学生对生活的求知欲。用给予笑脸、自制书签等自评的方式更能让学生回顾课程始终，感受课程趣味性。

（二）集点卡评价

本课程在活动过程中以小组为单位展开互评，让学生在共同合作、讨论、实践、反思的过程中汲取他人所长，补自身不足。在小组活动过程中，学生的观察发现、解决问题、人际交往、团结协作能力一一体现，而小组成员是最有发言权，评价也是最准确的。以"集点"卡的形式，在每次活动后，由组员为除自己以外的成员贴上不同能力的"点章"，最终在不同能力上分别选出该能力最出色的组员，鼓励学生发现同伴的优点，了解自己的缺陷。

（三）徽章奖励

结合社区中的活动素材，如社区特色活动"剪纸"、"昆曲"、"发福字"等，在了解的同时引导学生发现生活的美好，通过自主活动将自身代入，产生社区是我家的意识，激发学生对家庭的热爱、对邻里的热爱、对社区的热爱，衍生为对生活的热爱。活动过程需得到社区和居民们的支持，以社区居委、物业、居民等各类工作人员及住户颁发徽章的形式,使学生在活动中提升自信。

(四) 成果展示

总结归纳所有活动内容和过程,可以绘画、录像、录音、采访、定向越野等多种游戏形式展开,图片资料、文字资料以日记形式记录在册,组员、导师可在每一页留下话语或图片,最终作为学生的成果展示,也是一生中难忘的回忆。

（开发者：张瑜）

课程 4-7　节日文化知多少

适合年级　四年级

课程背景

对小学生来说,接触英语的时间还不长,对西方国家的文化了解不多,这妨碍了学生英语语言表达以及对文化习俗的理解。因而在英语教学中引入文化背景,比较中西两种背景的差异,掌握不同习俗等对教学的顺利进行有着巨大作用。学生通过参与实践活动,能有效提高收集、处理信息和与人沟通的能力,以及互相合作学习、利用互联网学习的能力。

通过本课程,让学生知道中国和西方国家的文化在节日方面的显著差异。在学习到节日这部分的同时,将各类不同的风俗习惯介绍给学生,同时让学生课外收集资料,并通过亲身实践,较为全面地了解中西方节日的风俗习惯,将更能加深学生对这些节日的理解,激发热爱传统文化,热爱世界,热爱生活的情感。

本课程理念：探索、感悟中西方节日多元文化,了解中西方文化的差异。中国的

第四章　课程即生命旅程

节日主要与节气有关,祈求自身吉祥幸福,充分体现了天人合一的中国传统哲学思想。西方的节日主要源于宗教及相关事件,缅怀上帝,求其保佑,以基督教的精神教育感化民众。激发学生学习的热情,走向世界,了解世界多元文化。

课程目标

1. 了解西方一些重要的节假日及主要庆祝方式,形成文化意识。
2. 感悟中西方节日的多元文化,了解中西方文化的差异。
3. 学会正确对待中西方文化差异的态度和方式。

课程内容

围绕中西方节日文化差异这个议题,包含如下四个单元主题：Culture differences, Chinese festivals, Western festivals, Western education & Chinese education:

Unit 1. Culture differences（2课时）

搜集以英语为母语的多个西方国家的简介,帮助学生从整体上理解和认识中西方文化的差异。

Period 1 Culture differences A

让学生通过上网、图书馆等收集关于中西方节日的资料,并交流整理,感受节日背后的故事,了解中西方节日的差异。

Period 2 Culture differences B

让学生在中西方文化的交流中感受中西方文化都以其浓重的异域风情呈现出不同的特色,作为中西方文化的一个最大的区别——中西方的节日文化具备一个独特的研究视角。

Unit 2. Chinese festivals（9课时）

通过让学生搜集我国节日文化的资料并交流整理,感受中国每个节日背后的故事和文化习俗,激发学生对中国传统节日的热爱,弘扬中国传统文化,渗透爱国教育。

Period 1 春节

Period 2 清明节

147

Period 3 端午节

Period 4 五一劳动节

Period 5 六一儿童节

Period 6 中秋节

Period 7 重阳节

Period 8 国庆节

Period 9 元旦

Unit 3. Western festivals（5课时）

向学生介绍西方节日，帮助他们更好地了解西方节日的来历、具体活动、对人们生活的影响等；小组合作一起探讨中西方节日文化的差异。

Period 1 Easter Day

Period 2 Thanksgiving Day

Period 3 Halloween

Period 4 Christmas Day

Period 5 April Fool's Day

Unit 4. Western education & Chinese education（2课时）

对比中西方幼儿园、小学、中学、大学的学校教育，帮助学生了解中西方教育的差异性，以期对学生的人生观、价值观产生一定的影响。

Period 1 Western education & Chinese education   A

Period 2 Western education & Chinese education   B

课程实施

本课程共计18课时，教学采用图片资料、多媒体课件、音像资料等。主要面向四年级学生，以班级为单位开展活动。安排教师讲课、观看相关视频、阅读相关文字材料、学生查阅资料PPT汇报等活动。在课程实施过程中，我们采用如下方法推进：

（一）启发讲授

用图片、文字、视频展示中西方节日文化，帮助学生了解中西方文化差异。

（二）搜集资料

学生课前搜集相关资料。通过亲身实践，较为全面地了解中西方节日的风俗习惯，激发热爱传统文化、热爱世界、热爱生活的情感。

（三）小组合作讨论

学生分组，对收集到的中西方文化、节日进行对比，找出两者的差异与共同点。师生合作讨论，分析差异原因。在讨论中培养学生对客观现实的分析能力，加深对中西方文化各方面的了解，形成正确的人生观、价值观。

在本课程实施过程中，要注意学生实践体验与教师的点拨指导相结合。教学活动中，教师的主要任务是给予建议和帮助，教师的作用贯穿于整个活动过程。

课程评价

（一）评价目的

1. 通过每个课时所要研究的主题，引导学生自主发现问题、提出问题，并寻求各种途径解决问题，以促进学生实践活动能力的提高。

2. 从小课堂走向大课堂，通过小组合作、收集、整理、汇报、交流，促进学生的协作探究精神、学习交流能力、相互欣赏意识的生成以及学生人际交往能力、口头表达能力、自我评价能力等的提高。

3. 让每个学生"动"起来，通过积极参与使每位学生的能力得到发展。

（二）评价原则

以积极鼓励为主，以激发学生的学习兴趣为评价原则。

（三）评价方式

1. 过程性评价

表1　指导教师评价表

学生姓名：		
	评价指标	指导教师评价
平时	出勤情况	
	提问发言	
	作业情况	
	小组合作	
期末	基本知识阶段性考查	
	学习成果考查（PPT，手抄报，调查报等方式）	
综合评价：		
评定等级：		

备注：1. 出勤情况：出勤率达到80%以上为三星，60%—79%为二星，60%以下为一星；2. 提问发言：坚持每节课提问发言为三星，偶尔提问发言为二星，从不提问发言为一星；3. 作业情况：按时按要求完成各类探究作业为三星，晚交作业为二星，不交作业为一星；4. 小组合作：主动参与小组合作为三星，经提醒能参与小组合作为二星，不愿意参与小组合作为一星。

2. 感悟性评价

说一说在体验学习和小组合作过程中，你有哪些收获？

表2　体验感悟评价表

学生姓名	能积极参与本课程的探究学习，在课程的学习过程中培养学生对信息的检索能力	在组员的帮助下能参与本课程的探究学习，在课程的学习过程中培养学生的合作和交流能力	在体验过程中有所收获

备注：学生选择符合自身情况的一项打钩。

3. 创意性评价

表3　创意性评价表

类　　别	姓名/组名
合作学习优秀小组奖(2个)	
合作学习优秀个人奖(6名)	
最佳创意PPT(3份)	
最佳创意手抄报(3份)	

（开发者：马玉梅）

第五章
课程即意志锤炼

意志力是决定达到某种目的而产生的心理力量。在这个世界上,真正创造人生奇迹者乃人的意志力。课程应锻炼孩子们的体魄,锤炼孩子们的意志,让他们更自律、更自强,让他们的人生更有力量。锻炼意志,积蓄力量,让孩子们沐浴风雨见彩虹,成长之路洒满阳光。

课程即意志锤炼 1

随着社会的进步、时代的发展，现今的物质生活条件越来越好，社会生活竞争也越来越激烈，家长在教育孩子方面的投入与日俱增。我们教育孩子，除了给予他们富足的物质生活，也开始注意培养他们的个人能力，比如良好的艺术修养、上佳的口才能力，却很少有家长注意培养孩子的意志力，以至于很多孩子在遇到困难挫折时无所适从、灰心丧气，甚至半途而废。棉花糖实验给了我们一个很好的启示，这是斯坦福大学 Walter Mischel 博士于 1966 年到 1970 年代早期在幼儿园进行的有关自制力的一系列心理学经典实验。十四年后，也就是当时参加实验的孩子 18 岁时，Walter Mischel 做了跟踪调查，发现等待时间长（前 $\frac{1}{3}$）的孩子，在学业上的成功超过等待时间短的孩子，而且差异相当明显。事实上，这些等待时间长的孩子，不仅在学习成绩上有更佳的表现，而且在生活的各个方面都显示出优势：他们在面对困境时显示出更好的自控性，并较少做出不成熟的举动；他们更能抵制各种不良诱惑；他们的社交能力更强，说话更流利且有条理；他们显得更聪明和自信。不仅如此，跟踪调查还发现，这些被试者在 40 岁左右的时候，事业成功，家庭幸福和谐，个人目标达到很高水平。与此相反，那些在实验中几乎没做任何坚持就放弃的孩子，不仅此后的学习成绩明显低于其他人，甚至成年后的生活境遇也不如意。现代社会，优秀的人才不仅仅需要出众的个人能力，更需要坚强的意志力来面对困难与竞争。意志力是决定达到某种目的而产生的心理力量，可被视为一种能量，而且根据能量的大小，还可判断出一个人的意志力是薄弱的还是强大的。当人们善于运用这一有益的力量时，就会产生决心，而人有决心就说明意志力在起作用。人的心理功能或身体器官对决心的服从，正说明了意志力存在的巨大力量。正是基于这个价值观，我们的老师设计了一系列意志锻炼的课程：锻炼健康体魄，汲取传统文化，学习文明礼仪……希望通过这些课程来培养孩子们的意志力，让他们更自律、更自信、更自强，让他们勇敢地面对困难与挫折，让他们坚定地实现目标与梦想，让他们未来的人生更有力量。在这个世界上，真正创造人生奇迹者乃人的意志之力，这

第五章　课程即意志锤炼

种意志之力,默默地潜藏在我们每个人的身体之内。"锋自磨砺出,玉乃雕琢成",锻炼意志,积蓄力量,热爱生活,珍爱生命,才能让我们的孩子沐浴风雨见彩虹,拨开云雾见月明,成长之路洒满阳光。

课程5-1　文化旅行

适合年级 四年级

课程背景

传统文化是一个民族的根,是民族的精神支柱,也是一个民族进步发展的不竭动力。中华传统文化是中国古圣先贤几千年经验、智慧的结晶,有着强大的生命力,民族风俗凝聚着人民对美好事物的向往。精美绝伦的工艺品,如诗如画的山水园林,叹为观止的民间艺术,让人折服的诗词曲赋,可歌可泣的历史典故,书法国画,民间传说等,这些历史画卷不仅将我们的生活装点得多姿多彩,也是中华民族复兴之路上的导航灯。

随着我国经济、文化各个领域的改革开放,社会上出现了一些令人担忧的道德滑坡现象,青少年比以往经受着更大的物质诱惑、思想冲击。在家庭教育中,家长重视孩子的学习成绩,却放松了对子女思想道德的教育,导致孩子们的言行举止、道德行为不够规范,甚至中国优秀传统文化尤其是道德文化,在青少年生活中已经被严重弱化,引发了一场道德危机。

加强中华优秀传统文化教育,是实现中华民族伟大复兴中国梦的内在要求,是构建中华优秀传统文化传承体系,推动文化传承创新的重要途径,是培育和践行社会主义核心价值观,落实立德树人根本任务的重要基础。四年级的小学生对传统文化缺乏关注,对其中所蕴含的内容与意义,了解并不深厚。同时,现代西方文化、网络文化不断地充斥着他们的生活。在此阶段实施中华优秀传统文化教育,有助于引导学生树立正确、高尚的道德观念,并为他们建立正确价值取向和审美取向起到奠基作用。

本课程理念:感悟经典,塑造人格。文化旅行倡导以学生为主体的学习方式,指导学生接受古老文化的教育熏陶,一方面了解中国古人的智慧,增强民族自豪感,做个合格的文化传承人;另一方面教会学生辨别基本善恶,明确人生价值观念,提升人伦道德。

第五章　课程即意志锤炼

课程目标

1. 了解中国传统文化的基本内容,能够借助不同艺术形式展现中华文化的魅力,树立国家意识,增强民族自豪感。

2. 在吟诵诗歌的过程中,感受诗歌所代表的传统文化的内涵,积极做传统文化的传承人。

3. 在采访、搜集资料的过程中,了解传统技艺、民间艺术的起源、发展和特点,提升自身文化内涵,并通过合作展示,提高合作学习的能力。

课程内容

本课程以"文化旅行"为主题,包含以下五个章节内容:

第一章:我们的文化

课程伊始,教师先从总体上介绍文化,让学生知道与文化有关的概念。同时以班级为单位认领不同的主题内容,学生借助收集资料、影像视频、小组讨论等方式整合自己搜集到的资源,借助 ppt 等媒体,在班中交流有关的文化知识。

具体内容包括文化的起源与发展、文化的内涵与特点、文化的种类。

第二章:唐诗宋词

在浩瀚如烟的文学长河中,中国传统诗歌就如璀璨的明珠,传承着华夏儿女的血脉精髓,是中华民族的瑰宝,其中又尤以唐诗、宋词最为出名。推荐学生诵读广为传颂的优秀作品,同时每个小组认领一种诗歌体裁,研究其代表的诗人。举行诗歌诵读会,仿效百家争鸣,进行情境再现,角色代入,在吟诵交流中感受中国古代诗歌的魅力。

第三章:传统技艺

中华文化博大精深,涉及范围广,无论是传统节日、文学,还是传统戏剧都以其独特的魅力在现代社会大放异彩,琴、棋、书、画更是被人们津津乐道。以班级划分小组,选取不同主题,呈现想要展示的内容。如:课件介绍传统节日、传统建筑;个人或小组合作表演展示传统戏剧、曲艺;将古筝、琵琶、二胡、笛子相结合,进行联奏等。

第四章：民俗艺术

民俗艺术是民间形成的非实用的、可供人们当作文化欣赏的各种技艺。它是文化在民间流传所形成的特殊的艺术表现形式，是民间智慧的结晶，也是中华文化永葆生命力的关键所在。学生组成调查小分队，询问长辈、走访邻居、参观剪纸坊等，整合资料，讨论中了解、学习、展示民间艺术，一方面发现身边的文化印记，另一方面开拓自己的视野。具体内容包括地域文化、民风民俗、民间工艺、中华武术。

第五章：成果汇报

在整个课程的学习中，学生不仅增长了许多知识，同时在实际探访、调查过程中也积极动手制作了一些手工制品，学习了一些传统的戏剧、书法、绘画等，不同小组以不同的形式展示自己所喜爱的传统文化，提高合作学习的能力。具体内容包括成果展示、现场表演、影像汇编、文化小报。

课程实施

本课程每周1课时，一学期共计17课时，一学年共计34课时。上课地点为教室、技艺坊、博物馆等，教学中主要采用自编教材、互联网、多媒体课件、音像资料等开展教学，预计招生24人。在课程实施过程中，我们采用如下方法推进：

（一）启发讲授

由教师和学生合作教学。教师在课前向学生告知教学内容，学生在课下利用多媒体、实地探访等多种方式查找有关资料，课堂上学生与教师相互合作，通过图片、视频、实物展示讲授中国传统文化所蕴含的丰富内容。

（二）实地参观

组织学生去传统技艺坊、博物馆等亲自观看并动手尝试传统技艺。传统文化作为民族文化的瑰宝，与学生有一定的距离，传统意义上的讲述满足不了学生的求知欲与兴趣，因此带领学生实地探访传统技艺坊，在实际操作中了解、感受传统的魅力。

（三）实地调查

组织学生调查自己所在地区传统文化的传承情况，发现问题，并提出解决问题的方案。了解传统文化的目的在于保护与传承，每个地区都有自己独特的文化标志，学生以自己生活的地区为调查目标，一方面培养自己自主、合作学习的能力，另一方面在实地调查中感受文化传承的魅力，发现问题并提出解决问题的方案，切实履行好小小传承人的职责，保证传统能够绵延不断地传承下去。

（四）合作展示

不同小组学生选择自己最喜爱的传统文化的内容，用实物展示、现场表演、作品汇编、影像制作等独特的展示方式，向其他同学展示它的魅力。成果展示是检查学生学习效果的最佳方式，打破传统的作业形式，用生动、活泼的作业帮助学生真正了解并懂得如何传承自己的民族文化。

课程评价

本课程主要从"学习态度、体验收获、小组合作、成果展示"四方面进行综合测评。采取多样的评价方法，实施分层评价，同时开展学生之间的互评和自评，鼓励学生通过活动充分表现自己。将鼓励性、及时性、引导性的评价原则相结合，设立积分银行、积累船票、导游证书，激发学生参与学习的兴趣。

（一）积分银行

设立积分银行，每个主题不同的等第积累相应的星星数。

表 1　文化旅行积分银行

学生姓名	展示内容符合主题，表达流畅，感情丰富（得 5★）	展示内容基本符合主题，且叙述完整（得 3★）	基本展示内容（得 1★）

(二) 旅行船票

根据自己的课堂表现,你能获得几张船票?

表 2　文化旅行船票站

学生姓名	积极性很高(得 5 张)	积极性较高(得 3 张)	积极性一般(得 1 张)

(三) 导游驿站

根据自己的总体表现,你能获得几张导游证书?

表 3　导游驿站证书站

学生姓名	通过课程详细了解传统文化,并能够用自己的方式展示学习成果(得 5 张)	在文化旅行的过程中有一定收获,知道文化的意义(得 3 张)	在体验过程中有所收获,但概念模糊(得 1 张)

突出学生的自评:让学生成为评价的主人。一方面让学生认识自我,促进学生保持积极的学习态度,另一方面激发和培养学生的学习兴趣,帮助学生养成良好的学习习惯和学习策略,从而实现自主学习,自主发展。同时通过学生的自我评价,也能帮助教师了解学生的学习情况和学习需要,随时调整教学内容及方法,从而提高课堂教学的实效。

(开发者:郑宇涵)

课程5-2　儿童话剧

适合年级
四年级

课程背景

儿童话剧符合于儿童经验，以受到儿童喜爱的戏剧为内容，根据儿童特有的情趣、心理状态和对事物的理解、思考方式，引导其学习儿童话剧。

儿童话剧具有娱乐价值：儿童的娱乐就是游戏，儿童话剧对于儿童而言，就是一种游戏，这种游戏是经过设计、安排与教学活动合二为一的。儿童话剧具有艺术价值：儿童话剧活动是让儿童亲身经历、接受艺术熏陶，借此活动训练儿童对音乐、美术、劳技做深一层次的认识和运用。儿童话剧具有教育价值：话剧表演调动了儿童的语言表达能力，肢体表达能力和丰富的想象力，训练儿童的胆识，让儿童更加自信。

儿童话剧让儿童更加懂得合群合作，话剧表演的成功取决于分工合作，话剧活动只有靠大家分工合作才能完成；儿童话剧让儿童更具同理心，在话剧活动中，任何角色都是在扮演别人，因此在扮演的过程中，可以学习从别人的角度看事情，进而学会关怀和体谅他人；话剧活动能让儿童更懂得见贤思齐，在儿童话剧中强调温馨、讲求好人有好报，更引导儿童趋善避恶，使儿童在潜移默化中懂得见贤思齐，学习做好人。

本课程理念：用心穿越一段旅程。选择适合儿童的话剧作品，通过丰富的想象、幻想和夸张来指导学生进行表演游戏；在童话的世界里，感受唯美或是离奇的故事，让儿童获得快乐和成长；让儿童能更为友好地对待这个世界，更能作为一个童话般出色的人生活在这个世界。

课程目标

1. 在轻松愉快的学习环境中，初步掌握标准的话剧台词发音，提高语言组织能力和表达能力。
2. 在排演过程中，克服害羞、紧张等情绪，形成良好的表演能力，随机应变能力。

3. 通过参与编写表演创作大戏,能充满自信与活力,敢于表现自己,能说会讲,敢说、喜欢说、会说,做到大方开朗、语言流畅、有效表达。

课程内容

本课程通过话剧鉴赏、诵读、舞台基本能力训练和表演,培养学生对戏剧表演艺术的兴趣,启发学生的想象力,培养其能动性、语言表达逻辑性、形体的协调性,最终让学生能在轻松自由的状态下站在舞台上表现自己。同时树立自信、自理、互助互爱的团队观念,使学生的身心与技能同步健康成长。

本课程包括五个主题,具体内容如下:

主题一:话剧鉴赏

具体内容是儿童话剧的基本要素、观看儿童剧《夏洛的网》、《卖火柴的小女孩》片段,让学生学会用"我喜欢……我觉得……我认为……"等话语评价所欣赏的剧目或人物形象,积累欣赏经验,逐渐学会简单评析作品的特点与风格,提升整体的鉴赏水平。

主题二:基础诵读

具体内容是绕口令练习、美文我来诵,具体包含《吃葡萄》、《妞妞和牛牛》、《杰杰和姐姐》、《月光娃娃的手》、《五个脑袋的小鱼》等,学生能用普通话正确流利有感情地讲述故事,注意声音语气的技巧,诵读时大方得体,感情真挚。

主题三:舞台基础能力训练

具体内容是表情训练、认识剧本台词、剧本台词练习、你的剧本我来改,让学生能具备基本的儿童剧表演技能,在训练过程中深刻体验不同角色的鲜明个性,能用恰当的方式进行表演呈现。

主题四:互动表演

具体内容是改编课本剧《狐假虎威》、《狐假虎威》课本剧交流、排演课本剧《狐假虎威》、观看儿童剧《狐假虎威》、评价剧情与表演、改编课本剧《三袋麦子》、排演课本剧《三袋麦子》,进一步浓厚学生的表演兴趣,体验表演的乐趣,通过表演人物、情节,增强自信,养成积极、乐观的人生态度和向往美好事物的情感。在表演中体验合作的快乐,培养乐观的态度和友爱的精神,增强集体意识。

主题五:成果汇报

第五章　课程即意志锤炼

具体内容包括分组表演课本剧《三袋麦子》，邀请教师、家长和同学观看并评价，指导教师进行讲评并颁奖。尝试把音乐、美术、信息技术等学科的艺术表现形式与儿童剧相结合，调动学校、家庭的资源让学生能在全校范围内展演，体验表演的乐趣，增强自信心以及展示自我的态度，在评价与互评中培养乐观的态度和友爱精神。

课程实施

本课程共计14课时，教学采用图片资料、多媒体课件、音像资料、实物道具等。主要面向四年级学生，以班级为单位开展活动。在儿童话剧教学中，强调全体学生的参与性，提倡以学生为主体的活动式教学。在游戏中学习，在情境中学习，在表演中学习，使学生在参加一系列的儿童剧表演过程中，接受艺术熏陶，促进多种能力的综合发展。

结合学生的实际情况，通过戏剧游戏、戏剧主题活动和戏剧工作坊三种途径使儿童话剧课程丰富且易于学生的学习。具体实施方法如下：

（一）戏剧游戏

戏剧游戏是教师引导学生运用动作与表情、声音与语言进行感知、想象和表达的游戏活动。这一组织形态以其简短（3—5分钟左右）、有趣、灵活的特色，融入学生的学习当中。采用的游戏有："虎克船长"、"松鼠和大树"、"和你对视嘿嘿you"、"传递掌声"等。在使用该策略时，游戏项目的选择并非随意，而要根据参与者的特点以及教育戏剧的主题加以考虑。例如，若遇到参与者无法集中精力、配合度低的情况，可考虑使用节奏游戏，因为在这个游戏中需要参与者集中精力从而掌握节奏，而集体击打某一节奏，又会给整场活动增加富有震撼性的感染力，进一步促使人投入其中；若遇到参与者腼腆害羞，可考虑进行"和你对视"游戏，这个游戏可以打破初识者彼此间的陌生感，彼此眼神的对视也代表着尊重他人并愿意与之相识的意愿。此外，戏剧游戏也可渗透到各领域活动中去，作为教学手段加以运用。例如，在课本剧教学中，戏剧游戏的运用可以使学生对课本剧人物、情节、主题的体验更立体，表达更生动，理解更深刻。

（二）戏剧主题活动

戏剧主题活动是指围绕某一主题，依从学生的戏剧经验，师生共同建构的一系列戏剧活动。它从戏剧表达（角色的体验与表达）开始，发展到戏剧创作（戏剧冲突的创作和问题的解决），最终形成戏剧表演。戏剧主题活动完全可以与学校现有的主题活动课程整合。和其他主题活动一样，戏剧主题活动也需要进行主题墙和区域环境的创设、亲子活动的安排等。在时间安排上，一个主题大约可以进行4周。主题的导入、戏剧表达和戏剧创作需要2周时间，随后2周可进行戏剧表演。戏剧表演包括剧本完善、角色塑造以及开放式的舞台排演，也包括服装、道具准备和场景制作。当然，在这2周时间内，可以适当安排其他领域或主题的活动，以避免任务单一而给学生带来倦怠感。一个戏剧主题活动结束后，如果有学生仍然对戏剧表演保持着浓厚的兴趣，可以让学生到表演区继续表演，以满足学生的需要。

（三）戏剧工作坊

戏剧工作坊是在专门的戏剧空间中，在区域活动时间，引导者带领少数学生（8—10名）围绕特定的主题，经由动作、声音、语言等共同创作戏剧的角色、情节和情景，并在创作过程中反映自身独特的经历，发展想象力、创造力以及问题解决能力的一种儿童戏剧教育的组织形式。如果说戏剧主题活动是为了适应当前学校主题活动课程的需要，以集体教学为主，那么戏剧工作坊就是一种小组教学活动。戏剧工作坊的内容可以来自学校正在实施的主题活动课程，也可以是戏剧活动自身的主题，还可以来自儿童的各种生活事件。用道具模拟出戏剧中的一个地点，或把一个发生了事情的地方，包括房间、屋子、地点的位置和距离仿真出来。让学生在黑板上画出小区公共区域位置及自己住宅位置及大小，再通过建构空间将集体绘画的图形以实际空间摆设。通过让学生自己建构小区的环境及位置，可以帮助他们建立起自己与他人在空间及心理上的距离，从而较快进入角色。在戏剧工作坊，儿童有足够的空间尽情舒展，尝试各种表达方式；也有充足的时间得到教师的充分关注，充分地与教师和同伴互动。每次工作坊的活动时间以30分钟左右为宜。

第五章　课程即意志锤炼

课程评价

儿童话剧课程的教学评价对儿童剧教学起着重要的导向和质量监控作用,评价维度、方式方法、评价主体(教师、学生、家长)的多元化,关乎课程目标能否实现。儿童话剧课程活动评价的目的是促成一种适合适龄儿童的艺术教育成绩评定。通过评价,学生不仅可以及时了解自己达到的能力和水平,而且可以了解自己在原有基础上提高了多少。儿童剧课程是对学生在感知、体验、表演、创造、评价等方面能力的发展进行整体评价,以发展的眼光评价学生是儿童剧评价的核心。

(一) 过程性评价(60%)

1. "导师"评价

对学生上课的精神状态、回答问题的情况,教师要及时地给予具体、恰如其分的评价,并且要让学生知道哪个地方好,哪个地方需要改进。可为表现优异的同学贴上臂章,选入"导师"的明星团队。

2. 自我评价

学生朗诵、表演、创编后说说自己的感受,在一遍比一遍恰如其分中体会其中的思想感情,促使学生保持对儿童剧的兴趣,体会朗诵、表演、创编的乐趣。如果学生的自我描述出众,可当选为"剧之星"。

3. "群众"评选

在欣赏表演或听取他人发言后,学生畅所欲言,在互评中提高能力。在每次的课程表演之后可进行投票,票选"最佳编剧奖"、"最佳表演奖"等。

(二) 展示性评价(40%)

根据学习内容分为语言、表演、创编三个板块进行测评,通过朗诵材料、表演话剧、创编剧本的形式,依据学生的表现,分为优秀、良好、合格三个等级。

表1 "儿童话剧"评价表

姓名	语言（朗诵）			表演				创编			等级
	正确流利	语音语调	感情得当	表演投入	声情并茂	道具恰当	形象生动	主题鲜明	情节突出	合作分工	

（三）"文件夹"式评价

"文件夹"式评价是指由学生在教师的指导下，搜集可以反映学生的努力情况、进步情况、学习成就等一系列的学习作品电子形式的汇集。这样的"文件夹"有利于保存，且对儿童在儿童剧学习过程中的表现记录起来方便、有效。学生、教师、家长对文件夹记录的内容取舍都有参与权，但以学生的意见为主。

儿童剧课程评价中的"文件夹"式评价为"一学期"一夹，夹中有以下内容：

1. 近期电子照片一张，附上自己的话
2. 练习绕口令、美文的录音（2—3段）
3. 学生表演的视频一段
4. 其他（如同学赠言、家长、教师寄语、自己愿意保留的照片、获奖证书照片等）

（开发者：杜小婵）

课程即意志锤炼 2

第五章　课程即意志锤炼

课程 5-3　弟子规

适合年级　一年级

课程背景

弟子规课程是通过讲授中华传统经典《弟子规》来引导孩子如何对待父母、兄弟、长辈，如何为人处世，如何读书学习、修养品德，以学规的形式对儿童进行学习指导和品行教育的课程。

《国家"十一五"文化发展规划纲要》明确指出："在中学语文课程中适当增加传统经典范文、诗词的比重，中小学各学科课程都要结合学科特点融入中华优秀传统文化内容。"这一重要精神，明确地指出了今天我们创建具有中国特色的社会主义教育，不能离开中华民族深厚的历史传统文化。《语文课程标准》强调在语文教学过程中，要适当增加阅读量，并明确提出让学生"认识中华文化的丰厚博大，吸收民族文化智慧"，"培养热爱祖国语言文字的情怀"，同时指出："语文教学要重视对学生古典文化积累、书写的指导，引导学生积累丰富的经典文化，掌握基本的书写技能，养成良好的学习习惯。"古文中的经典恰恰可以满足学生的阅读需求。重视古典文化积累，诵读经典，这是素质教育的要求，也是新课程的要求。

本课程理念：诵读经典文化，传承中华美德。通过诵读弟子规，传承它在"重礼明德"上的优良传统底蕴，必将对学生学会如何做人、学会如何做事给予指导，对于引导学生形成正确的人生观、价值观有深远的意义，使之成为中华优秀文化的继承者与传播者。

课程目标

1. 能背诵《弟子规》，唱弟子规歌，提高诵读能力和感受语言的能力，在经典文化中积淀文化底蕴。

2. 初步感受中华民族的经典文化，激发热爱祖国的情感，成为中华优秀文化的继承者和传播者。

3. 能用《弟子规》的要求来规范自己的言行，践行《弟子规》，形成良好的行为习惯和道德情操。

课程内容

本课程以诵读经典文化为中心，共分四个模块，具体内容如下：

第一模块：总叙

本模块的主要内容是诵读学习总叙篇，了解《弟子规》是依据至圣先师孔子的教诲而编成的生活规范，对儿童进行各方面的品行规范教育。

第二模块：入则孝

本模块的主要内容是诵读学习入则孝篇，知道第一部分的主要故事和大意，懂得百善孝为先，以及文明做人的礼仪。

第三模块：出则悌

本模块的主要内容是诵读学习出则悌篇，知道第二部分的主要故事和大意，学会正确处理与他人之间的关系。

第四模块：汇报成果

本模块的主要内容是学生通过诵读、背诵、讲故事、表演等形式对课程进行成果展示。

教学实施

本课程共计18课时，教学采用自编教材、互联网、多媒体课件、音像资料等。主要面向对诵读传统经典有兴趣的学生。本课程主要通过诵读、情境、故事、联系生活等方式丰富课程内容，深入浅出地学习《弟子规》并践行到日常生活中去。在课程实施过程中，我们采用如下方法推进：

（一）诵读学习法

教学中以诵读为主，理解为辅，这是讲授《弟子规》最基本的方法，也是最重要的方法。

(二) 情境学习法

用优美的古典音乐,色彩鲜明的画面,生动有趣的故事,创设把学生引入国学情境的氛围,使学生身处古典文化的韵律和氛围里,诵国学,学国学,身心受到陶冶,激发他们对国学的热爱。

(三) 故事学习法

小故事中含有大智慧,用经典的小故事帮助学生理解道理。教学时可把故事引入课堂,用小故事来帮助学生领悟文章的含义,突破教学难点。这样不仅调动了学生的积极性,而且化难为易,化繁为简,深入浅出地设计教学,符合学生的年龄特点和认知水平,使学生在潜移默化中理解课文,受到教育,从而达到预期的教学目的,可谓是"润物细无声"。

(四) 联系生活学习法

《弟子规》校本课程要贴近学生的生活。为了提高教学的实效性,让学生学以致用,教学中可以设计让学生联系生活实际谈感受的环节,把学国学与学做人联系起来。这样既拉近了古今文化的距离,使遥不可及的古代文化走入了学生的生活,又使《弟子规》生活化,让学生把中国传统的文化道德、思想智慧内化为一种品质,外化为良好的道德行为。

课程评价

本课程采取多样的评价方法,根据孩子的学习态度、学习兴趣、合作意识、情感态度给予过程性评价和结果性评价。针对本课程内容采取了以下评价方式:

(一) "国学小达人"评价

及时评价:对于每堂课学生的表现,评出五名"国学小达人"。具体做法:根据学生课堂上朗诵、背诵、知识问答等情况进行及时评价,给予笑脸章。一堂课结束前选出五名笑脸章最多的孩子评为这节课的"国学小达人"。

(二)"诵读小明星"评价

表现性评价：定期举办诵读比赛，每次评选出三名"诵读小明星"。具体做法：学生准备诵读片段，上台展示。根据学生的诵读情况，从诵读正确、诵读流利、诵读有感情、态度大方等方面进行评价，师生投票选出"诵读小明星"。

(三)"中华好少年展示"评价

展示性评价：于学期末进行课程汇报交流，展示学业成果。具体做法：学生准备展示成果，可以以表演、朗诵、小报等形式。并交流课程收获，教师进行评定。

（开发者：侯丽华）

课程 5-4　小小礼仪家

适合年级 二年级

课程背景

礼仪是人类为维系社会正常生活而要求人们共同遵守的最起码的道德规范。对社会来说，礼仪是一种文化，是一个国家社会程度、道德风尚和生活习惯的集中反映；对公民来说，礼仪是一个人的个性气质、道德水平、文化修养、审美情趣和交际能力等外在的表现，是人际交往的通行证，是一个人最基本的素质之一。然而在当今的青少年学生中，不少孩子对应有的礼仪不重视，礼仪观念淡薄，导致思想品德滑坡。因此，深入开展礼仪教育，培养文明有礼的新一代，是十分必要和尤其重要的。

随着人们对交往礼仪重要性的认识不断加深,学校已在学科教学中加强礼仪教育渗透,学校德育处也在这方面做出了努力,但这些做法都比较零散,不能系统化地开展礼仪教育。作为文明礼仪的启蒙教育,本课程重在系统地培养学生文明礼仪风范,使之无论走到哪里都得到认可。

本课程理念:通过对学生各方面礼仪的培养,养成并规范学生在学校与同学、与老师的礼仪,在家与父母长辈的礼仪,以及在社会的公德礼仪。通过学习与实践,使学生养成良好的个性品质,为其将来成为社会有用之才奠定良好的人生基础。

课程目标

1. 了解、掌握并使用校园常规礼仪,能够以礼相待,和睦相处,团结协作,互助互爱。

2. 在养成文明习惯的基础上,能够尊重他人,悦纳他人,不断提升文明素养。

3. 能正确使用社会常规礼仪,形成良好的交往习惯,积极健康的人生态度,提高交际能力。

课程内容

本课程围绕学礼知行这个中心议题,包含三个单元,具体内容如下:

第一单元:基本礼仪

学习基本礼仪,包括:说话礼仪——能主动向人问好,学会倾听,学会劝阻;上课礼仪——尊重老师,尊重同学,不随便做小动作,不插嘴,学会请教,学会商量;就餐礼仪——用餐前洗手,用餐时不讲话,用餐不浪费,用餐后把桌面擦干净;师生间礼仪——学会感恩,学会倾听;相处礼仪等。了解、掌握并使用基本常规礼仪,使同学之间能够以礼相待,和睦相处,团结协作,互助互爱;建立朋友式的师生关系,使师生间交往自然亲切,从而形成良好的校风校貌。

第二单元:家校礼仪

学习家校礼仪,包括:家庭礼仪——不向父母提无理要求,能主动为父母做力所能及的事情;做客礼仪——能主动向客人问好,做到文明,礼貌,不挑剔;校园礼仪——做学校的小主人，文明行走校园，主动制止不文明现象，用餐，做操，放学时上下楼梯有秩序。了解、掌握并使用家校常规礼仪，加强两代人间的沟通，消除代沟，建立朋友式的父母子女关系，享受温馨的家庭生活。学校里做到文明有序，师生关系融洽。

第三单元：社会礼仪

学习社会礼仪，包括：交通礼仪——做到文明有序，遵守交通规则，见到老弱病残主动让座；劳动礼仪——在家能帮父母整理一些力所能及的小家务，自己的房间自己整理打扫；社会礼仪——做到文明参观，以身作则，见到不文明现象及时制止。了解、掌握并使用社会礼仪，使自己更好地融入社会生活，使自己得到尊重，受到欢迎，使自己的社会生活充满快乐，从而培养积极健康的人生态度。

课程实施

本课程共计 16 课时，教学采用图片资料、多媒体课件、小品故事、参观等。主要面向二年级，从每班挑选部分学生。安排学生开展情境表演、家长介绍、模拟演绎、实地参观等活动。在课程实施过程中，我们采用如下方法推进：

（一）启发讲授

利用图片、文字、视频展示或走访相关场所，通过走访与多媒体创设情境，开展对各阶段礼仪的认知与理解。

（二）搜集资料

引导学生通过上网、到新华书店与各级图书馆收集有关资料，进行自主学习，拓展知识。学生课前搜集相关资料，较为全面地了解礼仪文化。

（三）小组演绎

引导学生体验不同社会角色的、富有特征的工作生活，如"我是小交通员"、"小小服务员"、"我是家里小主人"等，感受不同角色的礼仪规范。学生分组，利用小品、游戏的形式把生活中的礼仪展现出来。

(四) 汇报展示

举行感恩语言描绘活动、手抄礼仪报评比活动,指导学生动手实践,锻炼能力,最后尝试编礼仪儿歌。

课程评价

本课程的评价方式可以多样化,可以从多方面灵活地考察评价学生。本课程通过展示、表演、实践等多样化评价学习过程,加强学生与学生,学生与老师,学生与社会的互动。具体评价方法如下:

(一) "小小礼仪纠察员"评选活动

在学习礼仪的过程中,也是学生全员参与的过程,看看听听课堂上学生指出不良文明习惯的次数以及纠正方法的正误,依次按等第制进行评价为 A、B、C。

学生姓名	纠察现象	指正规范	等第评定

(二) "表演小达人"评选活动

课堂上有一定的表演活动,意在把一些文明,不文明的现象表演出来,供大家讨论。老师通过学生参与表演的次数,以及表演的内容,依次进行等第制评价为 A、B、C。

学生姓名	表演次数	表演内容	等第评定

(三) "我是小小志愿者"评选活动

完成课堂的学习后,需要走出去进行一定的课堂实践,把学到的内容应用于生活中。教师定期举行一些走出校园的志愿者活动,根据学生的参与情况依次评定为 A、B、C。

学生姓名	参与次数	参与过程	等第评定

注重学生的自我评价,帮助学生内化礼仪规范,形成良好的礼仪习惯,开发他们的潜能,发展他们的个性特长,增强学生的礼仪行规,形成优良的道德品质,从而促进学生自身的健康成长,提高学生的综合素质。让学生通过自我评价,真正成为学习的主人。

(开发者:陈湘萍)

课程 5-5 中华武术

适合年级 三、四、五年级

课程背景

中华武术博大精深,是中华民族长期积累起来的宝贵文化遗产之一。它是在农耕文明的历史时空背景下形成发展的,至今仍在传播的,以套路、散手和功法练习为主要内容,体现中华民族传统文化主体精神的身体活动方式。武术的内容形式多样,丰富多彩。中华武术具有强身健体,防身自卫,锻炼意志,陶冶情操,竞技比赛,观赏娱乐、交流技艺,增进友谊的功能。其特点是寓技击于体育之中,内外合一,形神兼备,能改善和增强体质,提高防身自卫能力,磨练意志,培养道德情操,娱乐观赏,丰富文化生活。总之,中华武术具有健身、防身、修身养性、娱乐观赏等多方面的作用,是人们增强体质,振奋精神的一种好手段。

　　本课程力图培养学生习武的兴趣,增强学生的体质,增进学生健康,促进学生身心和谐发展,从而对培养其健全的人格和鲜明的个性起到积极的作用。武术的价值主要有以下几个方面：(1)增进身体健康,促进身心和谐发展。武术是一项以身体练习为主的运动,又要求思维与肢体高度的协调与统一,因此,它对增进学生的身体健康,了解民族传统体育文化,强身励志,修德明礼,以德服人,促进学生身心的和谐发展有着积极的作用。(2)传承武术文化,培养武术兴趣。通过本课程的学习,能够有效激发学生对武术运动的兴趣和爱好,为传承武术文化,振奋民族精神,推动武术运动的广泛普及,弘扬民族传统体育,促进全民健身活动的开展打下基础。(3)强身健体,理解攻防意义。通过本课程的学习,学生的柔韧素质、灵敏素质、平衡素质等得到锻炼,动作的协调能力及瞬间爆发力得到提高,理解攻防的意义和作用,初步学会一些简单的合理自护和防卫动作,对维护自身安全有积极意义。(4)磨砺意志品质,培养顽强作风。通过本课程的学习,使学生的品性得到陶冶,意志力得到锻炼和考验,英勇顽强,勇往直前,动作干练,令行禁止,雷厉风行,坚忍不拔的作风得到培养,情感、态度和价值观得到改变。

　　本课程理念：弘扬民族传统体育,传承中国武术文化；突出课程育人功能,有效落实素质教育；激发武术运动兴趣,培养学生对武术的爱好；坚持健康第一的指导思想,促进学生健康发展。根据上海市"小学体育兴趣化"课程改革要求,紧密围绕"为了每一个学生的终身发展"的理念,通过武术动作与实践教学,塑造学生"习武立德、习武知德、习武养德"的核心理念,将武术健身育人的价值与生命安全教育结合,践行"习武立德,让民族精神浸润学生心田"的教育理念。

课程目标

　　1. 熟练掌握拳、掌等几种攻防技术动作,掌握整个套路的动作技术要领,体会攻防动作在实践中的运用,养成关注自身健康,学会自我保护的意识,为终身体育的习惯打下基础。

　　2. 通过攻防练习和体能素质训练的学习,提高灵敏、速度、柔韧、协调等身体素质,弘扬武术文化和武术精神。

3. 理解"比武走手,点到为止"和"悬而不击,击而寸止"等技击的武德。德艺双收,形神兼备,振奋民族精神和增强学生民族自豪感。

课程内容

本课程以武术技能为中心,包含以下三个主题:

主题一:武术历史小知识

根据不同的拳种分类,让学生讲出武术小常识,看谁知道得最多。例如:少林拳的由来;武僧练功水桶的特点;"十三僧棍救唐王"的故事等等。让学生搜集武术名人名家的故事讲给其他同学听,把武术英雄的励志故事了解得更透彻更清晰。

主题二:武术兵器知多少

教师启发学生主动参与武术课堂,让学生去搜索学习有哪些武术兵器,在班级里说出武术兵器的名称。按武器器械分类、武术拳种分类,分小组搜集武术兵器的名称,并了解其作用。例如少林派的器械有少林棍、少林枪、少林双刀等。

主题三:我是小小武术家

教师设置"桩上飞步"的游戏训练,让学生体验与感知武术平衡训练;利用"神拳无敌"环节了解自己拳击的准确性;利用"眼疾手快"环节体验武术"眼观六路"的灵敏度。根据学期时间安排两项学习内容:少儿防身术、太极功夫扇。

课程实施

本课程共计18课时,在课程实施过程中,我们采用如下方法推进:

(一) 观摩法

采用图片、视频等多媒体资料辅助武术课堂教学。安排学生实地参观中国武术博物馆、观看相关武术视频、武术运动员训练及表演等活动。渗透武术教育,丰富学生的审美意识,培养学生感受武术的美,鉴赏武术的魅力,促进身心和谐发展,成为志向高远,品行高尚,性格优良,举止文明,体魄健美的人。

（二）实践法

把武术教育寓于丰富多彩的学校各项活动中，要求学生具有武术才能，促进学生的五育和谐发展，通过实践活动培养学生开展各种富有武术特色的活动。例如：组织学生制作武术小册子，进行武术知识大比拼，切身体会武术的博大精深。

（三）顺序教学法

即按动作结构顺序进行教学。在武术套路教学时，从预备姿势开始，逐个动作按顺序教至收势而结束。这样教学，不破坏套路结构的完整性，有利于学生形成完整的正确的套路概念，并能认识各动作之间的联系。教学进度比较快，教学效果也比较好。

（四）塔式教学法

即学会第一个动作后，再学第二个动作。在学第三个动作之前，必须重复第一和第二个动作。因为凡是学一个动作就掌握一个动作，教完一个套路，学生也就学完一个套路。学完一个套路，学生基本都能记下来了。这种教学方法，使学生在每一个重复的周期中，只需强记强学一个动作，其余的动作则因多次重复复习，不知不觉地就学会并记下来了。同时还因为多次重复，不但训练了基本功，基本动作，也逐步形成了正确的动力定型。

课程评价

本课程采取多元化的评价方法，重视开展学生之间的互评和自评，鼓励学生通过活动充分表现自己。注重在学习过程中的评价："你了解到哪些武术名家的故事？""看到武术兵器后你最大的感受是什么？""武术课堂上你印象最深的是什么？"等；提出注重个体的全面发展与潜能相结合的评价标准，过程和结果相结合的评价体系，自评和互评相结合的评价方式；综合运用多种评价的方法：倡导学生评价方法的多元化，通过行为观察、访谈、形成性评价和成长记录等。

（一）展示性评价

展示自己的武术宝典记录册,你能获得几颗星?

表1　展示评价表

学生姓名	内容非常丰富	内容较丰富	内容一般

（二）感悟性评价

说一说在体验武术学习和展示过程中,你有哪些收获?可以在空格处写出自己的体会。

表2　感悟评价表

学生姓名	通过武术理论和技能的学习,能掌握武术的基本方法,理解武德的含义	在武术学习的过程中有一定收获,并能简单做出学习的武术套路	能简单做出武术的个别套路动作,对武德的理解不深

（三）自我综合评价

表3　学习情况评价表

	参与学习	同伴合作	掌握知识	探究过程	交流汇报	总评
A级(5分)积极主动						
B级(3分)能够完成						
C级(1分)不能完成						

评价一个课程有许多标准,如学生的参与度、积极性、教师的教学能力等,但从根本上来讲,课程评价要关注学生,以学生为本。让学生成为自己学习评价的主人,通过自我反思、自我评价,让学生养成良好的习惯,使学生在学习中主动设计自我成长的历程,为自己的学习评价承担责任,真正成为学习的小主人。

（开发者：王雪梅）

课程 5-6　少儿健美操

适合年级　二、三、四、五年级

课程背景

健美操是一项深受广大学生和社会人士喜爱的、普及性极强的,融合体操、舞蹈、音乐、健身、娱乐为一体的体育项目。通过优美明快的音乐节奏,各种活泼愉快、不同类型的形体动作,不仅能形成美的体魄,而且对心理也有良好的影响。

少儿健美操活力四射,节奏清晰,简单易学,可以增强体质,提高学生的身体柔韧性、灵巧性,塑造学生端正的身体姿态,提高艺术素养,陶冶情操,增强自信心,培养学生团结协作精神及群体意识。

本课程理念：在音乐伴奏下,使学生积极参与锻炼。根据小学生年龄小、活泼好动、灵敏性高、柔韧性好,模仿能力强的特点,在编排小学健美操课的动作时,首先要以"安全、有效"为原则,既考虑到小学生的健康水平,身体能力与技能,又要使小学生达到锻炼身体的目的,并能从中得到乐趣。因此,要注意以下几点：一是简单、易学、易练;二是运动强度不宜太大,整套操采用中等强度,既能达到锻炼效果,又不会太累;三是动作优美,有一定的娱乐性。本课程针对的不是同一年级的学生,因女生多于男生,故而根据这一特点,选择了少儿健美操进行教学,在音乐舞蹈的伴奏下,使学生学习兴趣得到提升。

课程目标

1. 学习健美操基本手型、步伐,提升肢体的协调性。
2. 学习《少儿健美操二级》全套动作,感受健美操动作的律动和美。
3. 通过和同伴自由创想编排队形和动作,形成集体合作意识、创编能力。

课程内容

本课程以少儿健美操二级动作为主要内容,包含4个板块,具体内容如下:

第一板块:健美操手型,学会健美操基本手型和手臂动作(4课时)

整个教学活动开展分为热身运动、基本动作和放松整理三个部分。第一部分可以做一些简单的头、肩、胸、膝的伸拉;第二部分基本手型为开掌、并掌、花掌、并指掌、分指掌、全握拳和半握拳等),手臂动作为体操基础动作手臂基本位置(前、侧、后、斜举、振、旋、摆动、绕及绕环、胸前平屈、侧平屈等);第三部分则包括一些简单的伸拉和呼吸调整,主要起到使人体机能恢复的作用。

第二板块:健美操步伐,学习掌握健美操基本步型(4课时)

整个教学活动开展分为热身运动、基本动作和放松整理三个部分。第一部分可以做一些简单的头、肩、胸、膝的伸拉;第二部分是由V字步、交叉步、并步、踏步、弹动踏步、一字步、踏点步、开合跳和提膝跳等几个简单的步伐,再配合一些手臂动作的变化组成。步伐体现运动的强度和效果,手臂动作的多样则丰富了操的内容,增加了趣味性;第三部分则包括一些简单的伸拉和呼吸调整,主要起到使人体机能恢复的作用。

第三板块:《少儿健美操二级》成套动作,分八段学习成套动作,学生养成自主学习和合作学习的习惯(4课时)

初学时,可先安排一些比较轻松愉快,节奏较慢,简单易学的健美操、热身操,控制在50—60%的运动强度。随着学习的深入,学生动作熟练、体力增强,可逐渐加大运动量和练习难度,加入更多、更新的变化,使学生越学越想学,越学越来劲,从而达到锻炼身体的目的。也可提高学生的韵律感、表现力与创造力。

第四板块:自主创编,学生相互合作,根据所学动作、音乐律动创编整组动作(4课时)。

遵循健美操创编的四大原则来创编整组动作。首先,全面性原则:全面发展身体是健美操的锻炼宗旨。其次,针对性原则:健美操的创编主要针对不同的目的任务,锻炼者的年龄、性别以及场地器材等情况和特点,使创编切合实际,有所侧重,有的放矢,以取得实效。第三,合理性原则:健美操更注重身体锻炼的实效性,而一套健美操的锻炼功效首先取决于该操动作的选编、动作顺序的设计和运动负荷的合理安排。最后,艺术性原则:健美操是一项结合了体操、舞蹈、音乐等项目特点的综合性体育锻炼项目,它吸收了新的舞蹈与舞蹈中独特的动作并加以改编,形成了风格各异、形式独特的健美操。之所以很快被人们接受,正是来源于它独有的艺术魅力和健身的实效性。

课程实施

本课程共计16课时,教学采用少儿健美操二级教材、互联网、音箱、多媒体课件、音像资料等。课程主要面向对健身、舞蹈、音乐感兴趣,以及自身柔韧性、协调性较强的同学。主要以6人小组的形式开展学习,一共36人。

根据学生情况,学习健美操动作都应该循序渐进,由易到难,层层递进,由最初的模仿慢慢发展到创编动作。在课程实施过程中,我们采用如下方法推进:

(一)线性渐进法

把单个动作顺序排列起来时,动作之间只改变一个因素,这个因素可以是上肢动作、下肢动作,或者加入其他的变化因素。选择的动作应该多样化,并注意动作的均衡性。学生可以先集体开展练习,在熟悉之后可以自由组合,和同学结伴练习,并逐步加强练习次数和熟悉动作的连贯性。

(二) 金字塔法

像金字塔形状一样，是一种递增或递减单个动作次数的方法。逐渐增加重复动作的次数称为金字塔法，逐渐减少重复动作次数称为倒金字塔法。提醒学生在创编时可以利用这一编排方式，一组或者多组重复。

(三) 递加循环法

在健美操教学中，每学习一个动作或组合后，都再与前面的动作或组合连接起来进行练习的一种递加式循环练习方法。逐渐的递加让学生不处于一种枯燥的模式中，同时也能通过反复的练习熟练动作。

(四) 连接法

把单个动作按照一定的顺序连接并发展成组合的一种方法。通常也称为"部分到整体法"。

(五) 过渡动作法

在教新动作之前或组合与组合之间加入一段简单的过渡动作，待动作和组合基本掌握后再去掉过渡动作的方法。

课程评价

本课程崇尚使学生积极参与锻炼的理念与坚持艺术性原则，重视学习过程的评价，更重视学生愿意自我展示的评价。鼓励学生通过活动充分表现自己，以积分制的评价，开展对学习过程中动作掌握的评价，促进学生发展；以对自我展示、自我表演的评价帮助学生树立自信，激发学生自由创想。通过注重个体的全面发展的评价标准，过程和结果相结合的评价体系，综合运用积分制和自我展示评价的方法，倡导学生评价方法的多元化。

（一）积分制评价

"动作掌握、自编动作、小组合作、整套创编、表演展示"，你能得几分？

表1 "少儿健美操"评价表

学生姓名	动作掌握			自编动作			小组合作			表演展示		
	完全掌握 5′	基本掌握 3′	需要提示 1′	动作新颖 5′	动作合理 3′	动作单一 1′	合作默契 5′	合作一般 3′	合作凌乱 1′	完整表演 5′	部分表演 3′	单个动作 1′

（二）我型我秀评价

选择自己感兴趣的秀，你能获得几个赞？

表2 我型我秀评价表

学生姓名	自我秀	挑战秀	擂台秀

（开发者：郭晓慧）

课程 5-7　跳跃的乒乓球

适合年级：二、三、四、五年级

课程背景

乒乓球运动在我国是开展比较广泛的一项球类运动，被誉为"国球"。乒乓球在世界各地都有广泛开展，从 1988 年汉城奥运会开始成为正式比赛项目。自 20 世纪 50 年代以来，中国就一直在这个项目中处于统治地位。

乒乓球运动量可大可小，不受风雨条件的限制，不同年龄，不同性别和不同身体条件的人都可以参加。乒乓球运动，不仅可以发展学生的灵活性和协调性，提高动作的速度和上下肢活动的能力，改善心血管系统的机能，增强体质，也有助于培养学生的勇敢顽强，机智果断，沉着冷静等优良品质。同时，掌握一项运动技能为学生的终身体育奠定了良好基础。

本课程理念：为对乒乓球感兴趣和热爱乒乓球运动的同学提供了解乒乓球运动，学习乒乓球技术的机会，掌握一项运动技能，为养成良好的锻炼习惯搭起一座桥，为终身体育奠定基础。

课程目标

1. 了解一些关于乒乓球的知识，认识乒乓球对锻炼身体的高效价值，为以后的学习打下良好的基础，形成终身体育的意识。

2. 学习乒乓球的基本运动技能和方法，形成多动脑多动手的能力，提高灵敏性、协调性，逐渐养成准确快速判断与果敢的意志品质。

3. 能够自觉参与或组织一些小型乒乓球比赛活动，提高沟通交流和社会适应能力，养成良好的锻炼习惯。

课程内容

本课程以教授乒乓球技术为主要内容，循序渐进，由易到难，主要包括从初学小学员到乒乓球小队员，再到乒乓球小将，最后到乒乓球小健将的学习过程，一步一步掌握学习内容。可分为三个单元，具体内容如下：

第一单元：乒乓球小学员学知识

本单元内容主要是理论知识，包括：（1）乒乓球运动概述及乒乓球运动简史。简述乒乓球运动的特点，收集有关乒乓球的起源、发展和乒乓球运动技术发展的文献资料，了解乒乓球的历史、发展以及当前乒乓球运动的发展趋势。（2）乒乓球运动技术特

第五章 课程即意志锤炼

点及身体锻炼价值。(3)乒乓球简单裁判法及比赛规则。(4)乒乓球文化。熟悉世界和我国著名乒乓球运动员的优秀事迹。挖掘校本乒乓球文化,建设乒乓球文化墙,促进校园特色文化的形成。组织学生运用所学的乒乓球基本知识,欣赏一些高水平的比赛,并用所学的知识进行现场解说评论,或欣赏完比赛后写一些评论文章。

第二单元：乒乓球小队员学技术

乒乓球技术是打乒乓球的关键,本单元主要是乒乓球技术的学习和练习。主要内容包括乒乓球站位姿势、握拍法；发球技术：正(反)手发平击球、正(反)手发上(下)旋球、正手发左侧上(下)旋球；接发球技术：接平击球技术、接下旋球技术；推挡技术：平推、快推；攻球技术：正手近台快攻、正手远台攻球；搓球技术：正(反)手快、慢搓(介绍搓转与不转球)。

其中站位姿势非常重要,通过乒乓球正确站位法和协调的身体姿势练习,逐步养成正确打球的习惯,为学其他动作技术起到事半功倍的效果。乒乓球技术学习是时间最长的一个环节,从攻球、推挡、发球开始,反复练习,循序渐进,逐步掌握乒乓球技术,为以后参加比赛打下基础。

第三单元：乒乓球小将学战术

本单元内容主要是针对乒乓球比赛所设计的各种比赛方法,也叫比赛战术。面对小学生,我们设计的内容充分体现这个年龄段孩子的身心特点,通过对战术的学习,掌握比赛的方法。

主要内容有发球抢攻战术、发球战术、搓攻战术、对攻战术。发球抢攻是力争主动、先发制人的主要战术。各种类型打法的运动员都普遍采用发球抢攻来抢占每个回合的上风；发球战术运用的效果主要取决于发球的质量和第三板进攻的能力,其中包括稳健保守的发球方法,顶住对方的弱点处,寻找突破口的发球方法,控制接发球的落点,正手侧身接发球等因素；搓攻战术,搓攻战术是进攻型打法的辅助战术之一,是技术达到一定的水平以后才可以用的,主要利用搓球旋转的变化和落点的变化为抢攻创造机会。常用的搓球战术有慢搓与快搓结合、转与不转结合、搓球变线、搓球控制落点、搓中突击、搓中变推或抢攻等；对攻战术,对攻战术是进攻型打法,是在相持阶段常用的一项重要战术。快攻类打法主要依靠反手推挡(或反手攻球)和正手攻球(或正手拉弧圈球)的技术,充分发挥快速多变的特点来调动对方。主要方法有紧逼对方反手,伺机抢攻或侧身抢攻、抢拉。压左突右,右压突左。攻两大角,攻追身球。变化击球节奏，加力推和减力挡结合，发力攻、拉与轻打轻拉结合，也可造成对手的被动局面。改变球的旋转性质，如加力推后、推下旋；正手攻球后，退至中远台削一板，对方往往来不及反应，可直接得分或创造机会球。

课程实施

结合我校实际情况，学校固定每周二下午为上课时间。本课程着重培养学生对乒乓球运动的兴趣，因为兴趣是最好的老师。打破年级限制统一教学，因场地、器材少，所以采用先集中教学，后分时练习的方法。以学生感兴趣的方式，提出要练习的动作，提示活动前要做好哪些准备，为开展好活动做好问题、动作技能、心理等方面的准备。在教学过程中，老师与学生、学生与学生之间应建立平等、和谐的关系，让学生在轻松、愉快的气氛中学到更多的知识。在课程实施过程中，我们采用如下方法推进：

（一）合作学习

教师与学生的互动顺延到学生之间，以小组合作为单位，进行讨论、练习。

（二）体验式、发现式学习

主动探索，发现和体验，所学内容不直接向学生提供，让学生自行发现，然后加以内化。教学中应以学生为主体，通过身边或国内的乒乓球巨星调动激发学生的积极性。引导学生对自己练习的动作及活动中的感悟、归纳，整理提升，构建属于自己的技能。将自己的收获、学习的技能及时与同学分享交流，并在交流中发现自己的不足，学习他人的长处，取长补短，丰富认识，激活灵感，培养与人交流沟通的能力。

（三）比赛交流

争取和创造条件让学生尽可能多地参加各种类型的乒乓球比赛，给学生充分的展示空间，并充分体会运动带来的快乐。

第五章　课程即意志锤炼

课程评价

　　本课程采用多种有效评价方式,客观有效地给予学生评价,评价内容不仅注重学习效果,更注重学生身心健康发展,内容主要包括学生对乒乓球运动的兴趣、态度;学生对乒乓球运动技能的掌握;学生间人际交往状态的改善程度;学生获得的成就感。

(一) 赛事性评价

　　通过循环比赛的形式给予评价。

学生姓名	胜一场(3分)	输一场(1分)	总分

(二) 展示性评价

　　通过正手攻球和反手推挡给予评价。

学生姓名	正手攻球(10—15板合格)	正手攻球(16—20板良好)	正手攻球(21板以上优秀)	技术动作总分(10分)

(三) 参与性评价

　　通过课余参加乒乓球运动的次数进行评价。

小脚丫课程

学生姓名	每周1次	每周2—3次	每周3次以上

（开发者：王哲）

第六章
课程即文化相遇

文化是从内心深处长出来的。当课程与文化相遇,需要我们更多地进入"文化场景",感受文化、思考文化、追寻文化,去唤醒潜藏在内心深处的文化情愫。如此,文化才能慢慢地生长出来,深深地扎根下去,进入孩子们的灵魂,融入孩子们的血液,成为他们生命的构成。

小脚丫课程

"他是随便一个人迎面走来,他的举手投足,他的一颦一笑,他的整体气质。他走过一棵树,树枝低垂,他是随手把枝折断丢弃,还是弯身而过?一只满身是癣的流浪狗走近他,他是怜悯地避开,还是一脚踢过去?电梯门打开,他是谦抑地让人,还是霸道地把别人挤开?一个盲人和他并肩路口,绿灯亮了,他会搀那盲者

课程即文化相遇 1

一把吗?他与别人如何擦身而过?他如何低头系上自己松了的鞋带?他怎么从卖菜的小贩手里接过找来的零钱……"这是台湾地区学者龙应台在谈及文化这一话题时所说的一段话。由此可知,文化的本质是一个人如何对待他人、对待自己、如何对待自己所处的自然环境。换言之,文化不过就是一种共同的价值观,它通过祖辈父辈的层层传递,通过家家户户的耳濡目染,让一个目不识丁者自然而然陶冶其中,让其价值观在潜移默化中催发、形成。

课程作为学校学生所应学习的学科总和及其进程与安排,它的学习过程本身就是一个传递的过程,使学生不断在耳濡目染的氛围中进行陶冶。课程是一段美好的人生经历。古人云:"读万卷书,行万里路。"在行走中,不期而遇的人、事、景都将化作自己的成长经历。课程是诗意盎然的生命画卷,意味着课程即美好的演绎、即心灵的丰富、即生命的体验、即智慧的自然。这些理念带着一股清香,透着一种诗意,唤醒着孩子们心中的眷恋与期待,使他们能在远方找到更加完美的自我;抑或是润泽其生命,让孩子们的生命变得丰盈而丰厚;更抑或是具身,让身体与思想一起前行。换言之,课程即文化相遇。

当课程与文化相遇,就需要我们更多地进入"文化场景",感受文化、思考文化、追寻文化,从而去唤醒潜藏在学生内心深处的文化情愫。文化是从内心深处生长出来的,是从脚底下走出来的,是从指尖流淌出来的,是慢慢地生长、慢慢地走出来、慢慢地流淌出来的东西。唯有"慢慢地"才能"深深地","深深地"才能牢牢地扎下根来,进入孩子们的灵魂,融入孩子们的血液,成为他们生命的构成,成为他们前行的力量。相信这场美丽的相遇定会碰撞出生命的精彩与世界的和谐!

第六章　课程即文化相遇

　　课程，让孩子们在穿越古代与现代、经典与趣味、国学与西学、古事与今事的过程中体会不同文化的韵味，用目光穿透时间、用指尖对话历史，在与不同文化的如期相遇中感受那份深沉厚重、那份源远流长、那份浸透在每一个民族骨髓中的态度。

课程 6-1　中外名著导读

适合年级　四、五年级

课程背景

《语文课程标准》指出要培养学生广泛的阅读兴趣,扩大阅读面,增加阅读量,提倡少做题,多读书,读好书,读整本的书;并且明确规定小学阶段阅读总量不少于145万字。

中国教育学会小语会理事长崔峦曾说:"热爱母语,就要喜欢诵读经典。诵读经典,你不仅会更加热爱母语,热爱中华优秀文化,而且会为自己幸福的人生奠基。"古今中外适合学生阅读的名著众多,各有特色,小学生年龄小,选择能力差,如果选择不适合学生阅读的书,会起到事倍功半的作用。

本课程将古今中外的名著进行整理归类,从适合学生阅读的名著中选取主要精华内容,激发学生阅读原著的兴趣,丰富学生的课余生活,净化学生的精神世界,真正让学生在阅读中受益、成长,让祖国母语美丽学生的人生。

这学期主讲《三国演义》,这本书的原版共有约65万字,对小学高年级的学生来说,阅读整本书有一定的难度。通过导读,引导学生理解这本书中的主要故事内容和主要人物的特点,学生可以从整体上了解这本书的精华之处,激发学生阅读名著的兴趣。

本课程理念:充分调动学生阅读的兴趣,引导学生理解名著的精华内容,提高学生的文化底蕴。

课程目标

1. 了解《三国演义》的主要情节和主要人物,提高阅读名著的兴趣。
2. 能从整体上把握《三国演义》的精华之处,并更加有效地阅读全书。
3. 能用自己喜欢的方式内化书中内容,感受传统文化的博大精深。

第六章 课程即文化相遇

课程内容

本课程以中外名著《三国演义》中的主要内容为课程,共分为四单元,具体内容如下:

第一单元:了解《三国演义》主要内容(3课时)

作者介绍:罗贯中,名本,字贯中,号湖海散人,元末明初小说家。山西并州太原府人,主要作品有小说《三国志通俗演义》、《隋唐志传》、《残唐五代史演传》、《三遂平妖传》。

主要内容分析:《三国演义》是中国古典四大名著之一,也是中国第一部长篇章回体历史演义小说。描写了从东汉末年到西晋初年近百年的历史风云。全书反映了三国时代的政治军事斗争,反映了三国时代各类社会矛盾的转化,并概括了这一时代的历史巨变,塑造了一批叱咤风云的英雄人物。

第二单元:主要故事情节回顾1(5课时)

桃园三结义:述说当年刘备、关羽和张飞三位仁人志士,意气相投,言行相依,为了共同干一番大事业,在一个桃花绚烂的园林,举酒结义,对天盟誓,有苦同受,有难同当,有福同享,共同实现自己人生的美好理想。

空城计:魏国以司马懿领军进攻街亭,蜀相诸葛亮命马谡驻守失利。司马懿率兵乘胜直逼西城,此时西城乃空城,兵卒寥寥,孔明心生一计,大开城门,自己在城楼上弹琴,每个门派几个兵士扮作平民扫街。司马懿怀疑设有埋伏,退兵。等得知西城是空城回去再战,赵云已赶回解围。

舌战群儒:话说曹操自领百万大军下江南,志在吞吴。当时刘备、孙权的势力都很薄弱,唇齿相依,唇亡则齿寒,因此刘备遣诸葛亮前往东吴,说服东吴联盟抗曹。不料东吴一班文官贪生怕死,以张昭为首一力主张降曹,诸葛亮不得已鼓动三寸不烂之舌,引经据典,又智激周瑜、孙权。最终使得吴蜀联盟成功,此后赤壁之战大破曹军,留下千古佳话。

温酒斩华雄:十八路诸侯讨伐董卓时期,攻打汜水关。守关将士是武艺高强的华雄。华雄一连斩了十余员联盟军的武将。正当诸侯们发愁之时,那时还是无名小将的关羽(步弓手)请缨出战。袁绍(诸侯头)认为小将上场很丢面子,曹操不以为然,他看重这样的豪杰,敬上一杯温酒。关羽言道杀了华雄,再饮此酒。于是绰偃月刀出营上马。擂鼓三通,关羽提着华雄人头进帐,众皆吃惊。关羽喝了那杯尚是温热的酒。关羽也从此一战成名。

第三单元:主要故事情节回顾2(5课时)

失街亭:善于利用地形变换军势的张郃击败了当时识人不足的诸葛亮选的马谡,并因此导致诸葛亮第一次北进计划的全面失败。

三气周瑜:一气:赤壁大战后,第二年,周瑜去夺取荆州,被诸葛亮抢先夺去。二气:周瑜本想借把孙权的妹妹嫁给刘备,把刘备扣下,逼诸葛亮交出荆州,不料诸葛亮用计使周瑜"赔了夫人又折兵"。三气:周瑜向刘备讨还荆州不利,又率兵攻打失败,结果病死了。临死前,他说:"既生瑜,何生亮!"活活气死了。

过五关斩六将:话说关羽被曹操抓到,曹操爱才没杀关羽,想收买关羽,而关羽他一心为他大哥刘备,听说刘备没死,逃出去找刘备,在逃回的路上闯过五关,斩杀了六位大将。

大闹凤仪亭:董卓残暴无道,王允为了除去他就派了自己的义女貂蝉离间他和他的义子吕布。王允先将貂蝉献给吕布,后又献给董卓。董卓当场就将貂蝉带回了家中。次日吕布去董卓家知道了一切,就在凤仪亭和貂蝉私会,貂蝉假意诉苦,吕布正在安抚之际董卓突然出现。发现自己干儿子正在调戏自己的女人,一怒之下就上演了董太师大闹凤仪亭这一幕。

第四单元:主要人物介绍(3课时)

诸葛亮介绍:三国时期荆州人,自称卧龙先生,是史上杰出的政治家,军事家,发明家。受刘备的三顾之恩出山辅佐,初出茅庐便火烧新野,博望坡杀得十万曹军丢盔弃甲,尔后舌战东吴群儒,说服孙权联合抗击曹操,从而形成三国鼎立的局面。之后在成都战役,汉中平定战,蛮方平定战都发挥奇谋夺得了胜利。刘备去世后,六出祁山企图光复中原,然由于各方原因及魏国司马懿坚守不战而失败,最终不幸在五丈原逝世,享年52岁。

刘备介绍:蜀汉昭烈帝,字玄德,汉中山靖王刘胜的后代,三国时期蜀汉开国皇帝。他为人谦和、礼贤下士,宽以待人,志向远大,知人善用,素以仁德为世人称赞,是三国时期著名的政治家,221—223年在位。谥号昭烈帝,庙号烈祖,史家又称他为先主。

关羽介绍：东汉名将，《三国演义》尊其为"五虎上将"之首。刘备起兵时，关羽跟随刘备，忠心不二，深受刘备信任。刘备、诸葛亮等入蜀，关羽镇守荆州，刘备夺取汉中后，关羽乘势北伐曹魏，曾水淹七军、擒于禁、斩庞德、威震华夏，吓得曹操差点迁都躲避，但是东吴偷袭荆州，关羽兵败被害。关羽去世后，逐渐被神化，被民间尊为"关公"。

备注：这四个单元中，各留出一课时让学生练习讲述，并进行阅读赏析。

课程实施

本课程共 16 课时，教学采用互联网、多媒体课件、音像资料等。

本课程注重引导学生阅读这本古典名著，教师选取主要故事情节给学生绘声绘色地讲述，配以一定视频，调动学生阅读的兴趣。具体实施方法如下：

1. 看一看：学生阅读名著，和同学、家长一起交流阅读的感悟。
2. 讲一讲：选取主要故事情节，教师绘声绘色地讲给学生听，学生也可以讲一讲读故事的收获。
3. 画一画：摘抄有关主要故事的语句，配以图画，设计成制作精美的手抄报。
4. 秀一秀：选取自己感兴趣的故事，几个人排成课本剧，揣摩人物当时的心情，注意体会人物说话时的神态。

课程评价

采取互评、小组评价及教师评价等方式。

表1　教师评价标准表

分类	评价内容	评价结果 ★★★	★★	★
活动情况	参与态度	主动积极参加课程实践活动	能参加课程实践活动	能在老师或同学的帮助下完成各课程活动的任务
	理解能力	积极地阅读，理解故事内容	能阅读，对故事内容有一定了解	在老师帮助下能进行阅读

表2　学生自评及互评标准表

评价内容＼评价方式	自我评价	小组评价	教师评价
参与态度			
交流合作能力			
理解阅读能力			

备注：表现优秀得3颗★，表现良好得2颗★，表现合格得1颗★。

（开发者：李萍）

课程6-2　国学经典诵读

适合年级 全年级

课程背景

中华文化博大精深，源远流长，中国的经典诗文，经历了几千年的积累沉淀，思想内容上无不闪耀着灿烂的民族特色。它是中华文明传承数千年的重要载体，流传的经典浩如烟海，从《诗经》到诸子百家的典籍贤文，到唐诗宋词元曲，其知识之广泛，包容之博厚，辞章之精华，内涵之丰富，是任何一个民族都难以望其项背的，体现了我国语言文字的高度凝练性和丰富的表达应用技巧。国学所蕴含的"仁义礼智信"是我们民族文化中得以继承和发扬的精髓，能使我们以健康的心态适应纷繁复杂变迁。更重要的是，国学能够使孩子们在接受优秀传统文化熏陶的同时，养成良好的思想品德。但现在孩子们国学素养的现状堪忧。为了能够使孩子们从小汲取优秀传统文化中的营养,继承和发扬中华民族的灿烂文化,实现人的全面发展,必须弘扬国学。

我校提倡学生广泛阅读,与"书香"校园文化建设相得益彰。倡导"阳光·快乐·成长"的学生培养理念,更致力于学校内涵发展,把"阳光·书香"定为我校校园文化的主题。开展经典诵读必将促进"阳光·书香"校园文化建设,激发学生诵读经典诗歌的积极性。开发"经典诵读"校本课程,必将有力促进我校"浓郁书香"校园文化特色的形成和深入。

本课程理念:在拓展型课程的实践中体验并实践多元化的、新颖的教学方式,对基础型课程教学方式的丰富和完善具有积极意义。《经典诵读》集积累、背诵、书写于一体,对于教师的专业发展、学生的自主发展有积极的促进作用。在学习的过程中,丰富、改变学生对学习的认识、理解和感受,从而使学生爱学、会学、自主学、合作学。

课程目标

1. 能认识到中国传统文化的丰厚博大,在读古文、背古诗的过程中,感受中国传统文化的博大精深。
2. 掌握正确的读书方法,对阅读产生兴趣,并尝试品味经典、提升阅读感悟。
3. 在诵读的同时,逐渐形成良好的行为习惯和道德情操。
4. 初步感受中华民族的经典优秀文化,激发热爱祖国的情感,在祖国深厚的文化土壤中汲取大量的精神养料,成为中华优秀文化的继承者和传播者。

课程内容

中国传统文化既有其精华之处,也有其糟粕,我们应该有选择性地吸取精华,选择对学生人格发展、性情修为乃至人生观、世界观、价值观等的形成具有正面影响的优秀篇章。例如下面列举的内容,即是可以选用的课程内容。

唐诗宋词:古诗作为一种文学载体,一直以来被语文教材作为范例。结合学生实际,我们将唐诗宋词作为诵读的首选,并明确各年级要求背诵的篇目。

古代蒙学教材:在所有的蒙学书中,最流行的便是《三字经》、《百家姓》、《千字文》、《弟子规》,读《三字经》以习见闻,三字一句,合辙押韵,便于低年级学生诵读;习

《弟子规》来规范自己的言行，践行弟子规，二者均被列为学生诵读内容之列。

对子：中国的诗词中常用对仗，对仗的词句就成为对子，即上下两个句子中的词排列整齐，两两相对，声调相协，朗朗上口。童蒙教育编录了专门的教材《声律启蒙》、《笠翁对韵》，便于儿童掌握相关知识，为写诗作文打好基础。

《论语》：最具代表性的儒家经典，主要记录了春秋时代的思想家、教育家孔子及其弟子的言行，对中国社会与中国文化产生了多方面的影响。其中孔子与其弟子的很多名言代代流传，甚至成为后人信奉的指南，用来修身和治国。

古诗文：中国文学的瑰宝，是灿烂的文化。古诗文的学习能更好地传承祖国的文化，对学生良好品格的形成、人文素养的提升有积极意义。

本课程以《小学生必背古诗词75首》、经典著作《三字经》、《论语》、《弟子规》等内容为主，辅以名言、对联、谚语、古诗词名句、歇后语、古诗文选粹等内容，分三个阶段：

低年段：以读为主，以读促背。能按照一定的韵律诵读和背诵，通过故事了解意思；结合实际指导学生行为。

中年段：读书贵在实践，习惯重在养成。背诵全文，能说出重要句子的意思；开始写行善日记，引导学生一周做一件好事，课上把好事记下来讲出来。积累古诗及古诗基本知识的普及。对《弟子规》、《三字经》、《论语》熟读成诵。

高年段：在《弟子规》、《三字经》、《论语》学习基础上，适当进行经典古诗文的拓展，积累名句，并能在生活和写作中加以运用。

课程实施

本课程每学期15课时。

本课程注重激发兴趣。兴趣是最好的老师，是推动学习活动的一种内驱力。因此，要坚持把激发学生兴趣贯穿于课程的实施过程中。定期组织学生读书，指导上网浏览经典文化和欣赏书法艺术作品。每周布置有关国学经典方面的家庭作业，让父母子女齐背，形成浓浓的家庭文化氛围。注重环境熏陶，充分发挥校园文化阵地的育人作用，在橱窗、展板、墙报、读书角开辟国学经典诵读专栏，让学生时时处处沐浴其中，得到熏陶、感染、浸润。

教学时还应关注学科渗透。各学科要根据学科特点，结合经典文学的内容，在教学中渗透经典文化,尤其是语文学科,加大指导力度。如:师生共同诵读、学生展示诵读等。

将围绕课程内容开展系列活动,具体实施方法如下:

1. 建立班级图书角,了解学生的阅读兴趣,推荐适合学生阅读的课外书籍。
2. 利用午会课、班会课开展读书讲故事活动,让他们在听书或故事的过程中受到感染,从而爱上读书。
3. 引导学生联系生活实际,每学期至少写出一篇感悟颇深的心得体会或一篇读书笔记,在全校举办国学经典读书成果展览,学校每学期举办一次国学手抄报展览。
4. 充分挖掘国学资源,每学期每班至少召开一次国学主题的班会,让学生畅所欲言。
5. 根据学习内容,每学期开展一次讲故事比赛和谈学习国学经典体会收获的演讲比赛,使学生既能熟背又受到深刻的思想道德教育。
6. 每学期开展一次国学经典吟诵比赛、抄写比赛、绘画比赛、国学知识竞赛和班级黑板报比赛。
7. 举办读书汇报演出。各班级收集本班级学生学习国学经典的典型趣事,编成各种文艺小节目,如国学经典吟诵、民谣快板、文艺表演、故事演讲等。
8. 在校本课程成果汇报中推出经典诵读中的典型,进行表彰。

同时组织常态化的学习交流活动。

1. 组织教师学习课程理论,更新教育观念。
2. 以班为单位由班主任组织自己班的学生在本班进行学习。
3. 阶段性小结和经验交流。

课程评价

采用教师评、学生评、家长评等多种评价方式,评价学生的学习情况,提出改进建议,及时改进。

评价时可以关注以下几方面:①按时完成背诵的内容,粗知大意;②初步了解"国学经典",了解中华文明,热爱祖国语言文字;③能积极影响学生形成良好思想品德。根据学生兴趣、态度、诵读及获奖情况,按照优、良、合格的等次,结合学生自评、班级互评、教师点评的多种评价方式。及时推广和宣传典型。

（开发者：姜艳）

课程即文化相遇 2

课程 6-3　朝阳文学社

适合年级
三年级

课程背景

《语文课程标准》指出："语文课程应致力于学生语文素养的形成与发展。语文素养是学生学好其他课程的基础，也是学生全面发展和终身发展的基础。""腹有诗书气自华"，当语文素养的积淀达到一定程度时，就会在人身上形成一种富有个性的文化底蕴。注重朗读为主的课堂阅读教学和课外经典文学知识积累，是培养学生语文核心素养的关键。而文学作为中华民族的丰厚遗产,为小学生的语文学习以及个人发展提供了优秀的素材,文学不仅能给小学生带来快乐,也能够让他们明白事理,增长知识,文学教育能使小学生在阅读的过程中丰富自己的想象力。本课程以继承和弘扬文学为己任,选取经典文学人物及作品,包括其间各种文学流派、文学团体、重要作家、优秀作品及其在文学史中的地位和影响等内容,系统地介绍中国古代文学著名作家的优秀作品,把握其精神内涵,领会其艺术精髓。

本课程理念:朝阳文学社兼顾校内社团组织建设和培养学生文学素养两大功能。融合人品、文品训练,通过开展文学欣赏、阅读交流、实践体验、表演竞赛等活动,提高学生文学素养水平,激发学生爱读书、善读书,使读书成为习惯,成为生活中的一部分,从而提升学生生活品质。

课程目标

1. 认识和了解文学,初步认识文学在一个人成长过程中发挥的重要作用。
2. 通过了解文学家故事及相关的文学事件,对文学产生兴趣。
3. 通过文学书籍的阅读与交流,对文学素养有所认识,养成爱阅读的习惯。

课程内容

本课程共3个单元,具体内容如下:

第1单元:《文学家故事》

安徒生的故事:通过观看相关视频,对安徒生进行初步的了解,之后再对安徒生的作品进行简单介绍,引导学生全面认识安徒生。

茅盾的童年学习时代:首先向学生介绍茅盾文学奖的诞生、发展和意义,从而引入对茅盾这位伟大文学家的介绍,并对其相关作品进行简要解析,引导学生全面认识茅盾这位伟大的作家。

珍惜时间的鲁迅:首先引导学生思考所学习过的鲁迅的文章,对鲁迅进行初步的了解,之后再对鲁迅的作品进行介绍与剖析,引导学生全面认识鲁迅。

朱自清饿死不食救济粮:通过讲解朱自清饿死不食救济粮的故事,对朱自清进行初步的了解,之后再对朱自清的作品进行简单介绍,引导学生全面认识朱自清。

班昭终成《汉书》：从《汉书》说起,对班昭的伟大和不凡经历做初步介绍,之后再对班昭的作品进行简单介绍,引导学生全面认识班昭,学习这位成就伟大《汉书》的英雄作者。

范仲淹勤奋学习,心怀天下：多媒体展示范仲淹的经典诗词,引导学生以各种形式朗读,并对这些诗进行解读,从而体会范仲淹在特殊时期心怀天下的伟大抱负。

欧阳修以地为纸：选择学生学过的欧阳修的经典文章,引导学生朗读和理解,从而初步了解欧阳修,之后再对欧阳修的生平经历进行简单介绍,引导学生全面认识欧阳修。

蒲松龄落第不落志：通过观看相关视频,从而初步了解蒲松龄,之后再对蒲松龄的人生进行简单介绍,引导学生全面认识蒲松龄。

总结体会：通过对之前所讲的经典文学人物的了解和学习,引导学生形成自我思考和认知,进一步理解和体会文学在一个人成长过程中发挥的重要作用,并写出个人体会和感想。

第2单元：《经典文学著作阅读》

《安徒生童话故事集》：对《安徒生童话故事集》的作者、内容以及读后感三个方面进行介绍,并选择其中的经典部分朗读,引导学生走进这本经典作品,并理解其经典之处。学生阅读后发表读后感。

《夏洛的网》：对《夏洛的网》的作者、内容以及读后感三个方面进行介绍,并选择其中的经典部分朗读,引导学生走进这本经典作品,并理解其经典之处。学生阅读后发表读后感。

《鲁滨孙漂流记》：对《鲁滨孙漂流记》的作者、内容以及读后感三个方面进行介绍,并选择其中的经典部分朗读,引导学生走进这本经典作品,并理解其经典之处。学生阅读后发表读后感。

《父与子》：对《父与子》的作者、内容以及读后感三个方面进行介绍,并选择其中的经典部分朗读,引导学生走进这本经典作品,并理解其经典之处。学生阅读后发表读后感。

《木偶奇遇记》：对《木偶奇遇记》的作者、内容以及读后感三个方面进行介绍,并选择其中的经典部分朗读,引导学生走进这本经典作品,并理解其经典之处。学生阅读后发表读后感。

《查理与巧克力工厂》：对《查理与巧克力工厂》的作者、内容以及读后感三个方面进行介绍,并选择其中的经典部分朗读,引导学生走进这本经典作品,并理解其经典之处。学生阅读后发表读后感。

《向着明亮那方》:对《向着明亮那方》的作者、内容以及读后感三个方面进行介绍,并选择其中的经典部分朗读,引导学生走进这本经典作品,并理解其经典之处。学生阅读后发表读后感。

《活了100万次的猫》:对《活了100万次的猫》的作者、内容以及读后感三个方面进行介绍,并选择其中的经典部分朗读,引导学生走进这本经典作品,并理解其经典之处。学生阅读后发表读后感。

总结交流:通过对经典作品的阅读与分享,学生发表自己对经典著作的理解与评价,从而引导学生学会阅读、养成阅读后思考的习惯。

第3单元:读书分享会

小组分享:全班同学分为4组,每组选择一本感兴趣的书,一起阅读,之后分享,从选书的理由、作者介绍、书籍内容以及读后感四个方面来分享,最后由老师和同学一起评出最优秀小组。

个人分享:由班级学生自愿进行书籍分享,形式不限,可以借助多媒体等信息化技术来辅助,最后评选出最优分享者。

课程实施

本课程每周1课时,一学期共计16课时,一学年共计32课时。教学场地为多媒体教室。教学采用自编教材、互联网、多媒体课件、音像资料等。面向三年级对文学颇有兴趣的学生。共20人,每组5人。

通过读书兴趣来分组,学生根据喜爱的书的类型来选择自己的小组,包括历史小组、散文小组、绘本小组、小说小组。运用启发讲授、观看视频、小组合作、自主学习等方式开展教学。具体实施方法如下:

启发讲授:讲解小故事,引入对文学家及其作品的介绍。

观看视频:引导学生观看文学家故事的视频,了解文学家的成长经历以及所撰写的重要著作。学生在观看的同时,能够直观详细地了解文学家,从而对文学产生浓厚的兴趣。

小组合作:组织小组进行共同阅读,并进行阅读分享。

自主学习：自主阅读喜爱的作品，进行个人分享。

课程评价

表1　朝阳文学社评价表

评价内容	评价指标	等级评价参考指标	评价			
			自评	小组评	家长评	教师评
会读书，读好书	1. 上课不迟到、认真听讲并积极发言。 2. 能够认识文学，并能讲3个文学家的故事。 3. 能在课堂中清楚地分享经典文学作品的读后感。	1. 符合三项指标者评为优秀。 2. 符合第1、2项，第3项基本符合者评为良好。 3. 三项都基本符合者评为合格。 4. 三项都不符合者评为待及格。				
总评						

（开发者：郭唯一）

课程6-4　快乐作文

适合年级 四、五年级

课程背景

叶圣陶先生说过：生活如泉源，文章如溪水，泉源丰富而不枯竭，溪水自然活泼流个不停。其实，我们的学生生活应该是丰富多彩的。在自然课上可以动手实践，在微机课上可以上网查询资料,在音乐课上可以听老师用钢琴弹奏美妙的音乐,电视、游戏、书籍、网络也给学生提供了丰富的素材。

但是,我们的学生就是不会写作,不喜欢写作。其根源不是学生没有生活,而是学生没有掌握感受生活,以及从中捕捉信息的能力,更没有掌握描写生活的方法。我们的作文国家课程没有很好地解决这一问题。如果只停留在让学生回忆与想象的过程中,要小孩子再现生活是不能想象的。生活经验为作文提供了素材,但不能保证生活丰富的学生就能写出优美的文章。学生把生活经验转化为文字表达,还需要比较复杂的心理加工过程和转换过程。语言是"习得的产物"。"习得"与"学得"是不同的,"习得"要求主体参与言语实践活动,有自身的言语行动,在言语实践中"得"到言语能力,它强调主体的亲历性。因而,在我们传统的作文教学中,无论教师讲解、分析得如何精彩,学生在作文能力上的提高仍微乎其微,因为它从根本上违背了语言教学的规律,它把培养学生的言语能力当成了一个"学得"的过程。就像妈妈们告诉女儿要如何做饭,却永远也不让女儿下厨做饭,进行实践操作,结果只会"纸上谈兵"一样。在这种模式下,我们的一部分学生是永远不会写作,也不会喜爱写作的。

本课程理念:合理利用学科整合,利用媒体辅助等教学手段,让学生所经历的事进行情景再现,让学生在具体可观的情景中习得观察与描写的方法,并让他们真正感受到,生活无处不是写作资源,也增强学生乐于表达真实情感的愿望,从而拨动学生乐于写作的心弦。

课程目标

1. 学会捕捉生活信息,积累作文素材,在体验生活中感悟写作的魅力;
2. 学会写情景再现式作文,掌握描写方法与写作技能,提升审美情趣。

课程内容

本课程包含八个主题,具体内容如下:

主题一:推荐他人

1. 结合学校评选文明之星的活动,学习通过具体的事例,表现人物的特点,能按要求写一篇推荐文章；

  2. 学习搜集相关的写作素材，学习围绕人物主要事迹安排详写与略写，提高选材能力；

  3. 培养学生留心观察身边的人，学习身边的人的优秀品质。

主题二：活动类作文

1. 充分地利用学校中的资源，实现学科整合；

2. 让学生学会关注生活，明白无论是学校生活还是家庭生活，处处都是写作素材；

3. 利用多媒体辅助教学手段，实现情景再现，指导学生如何观察与描写。

主题三：文包诗

1. 能根据古诗意思展开合理的想象；

2. 结合实际生活描写诗中展现的场面，合理安排习作的详略；

3. 体会古诗蕴涵的感情，表达自己的真情实感，做到文通句顺。

主题四：记一次春游

1. 引导小作者用自己的方式感受这次春游活动，又是如何细致地写出他们的活动的；

2. 学会用一颗充满好奇的心去细心观察，认识事物，学做生活中的有心人；

3. 按要求完成习作，把自己的发现以及春游活动中的感受认真细致地描写出来，做到文通句顺。

主题五：写一种植物的变化过程

1. 关心身边的细微变化，一草一木，皆可入文；

2. 养成持续观察的习惯，并及时作记录，学会积累写作素材；

3. 能从三年级时单纯地写植物过渡到写一种植物的动态变化过程，在写作技巧上有一定的进步。

主题六：组织话题辩论，并描写过程：做男孩好，还是做女孩好？

1. 能关注生活中同学们常争论的问题，并有自己的看法；

2. 能有面有点地观察同学们热烈讨论的过程，细致地描写下来并加上自己的观点；

3. 学会点面结合的写作方法。

主题七：比赛式游戏

1. 充分利用学校和社会中的资源（各种游戏、比赛），拓展写作的视野；

2. 学会关注身边丰富多彩的业余生活，做生活中的有心人；

3. 利用多媒体辅助教学手段,实现情景再现,指导学生如何观察与描写场面(场景)。

主题八:未来的我

1. 培养学生丰富的想象力,能进行科学而合理的想象;
2. 通过人物的语言、动作、神态反映人物的内心活动;
3. 创设一定的情境,指导学生把事情的经过写清楚;
4. 能关注当今科学的发展,将其有机地纳入和充实想象的内容。

课程实施

本课程每周1课时,一学期共计16课时。教学采用自编教材、互联网、多媒体课件、音像资料等。主要面向对作文有兴趣的四、五年级学生,以年级为单位开展活动。在课程实施过程中,我们采用如下方法推进:

1. 读一读:写完作文后自己读一读,有没有不通顺的话,有没有没说清楚的地方,是不是把要说的话都说出来了。
2. 讲一讲:讲的过程就是对整件事的回忆,相当于一次口头作文,说得不全,别的同学还可以补充,说得好的就是对其他同学的示范。
3. 摘一摘:文章中的好词、好句、好段,可以用到自己的作文中,使文章写得生动、有趣。
4. 写一写:在口头作文的基础上,让学生趁热打铁,赶快落实到本子上,把自己亲身经历的事写出来。
5. 评一评:作文写好后,小组同学互相交流,一人读,其余听。听完后,各抒己见,可以说说哪些地方写得好,也可以提一些建议。

课程评价

(一) 日常习作篇目评价法

1. 激励性的评价

表1　激励性评价表

评价方式 评价内容	自我评价	小组评价	教师评价
参与态度			
交流合作能力			
写作能力			

备注：表现优秀3颗★，表现良好2颗★，表现合格1颗★。

2. 教师主要评价

表2　教师评价表

分类	评价内容	评价结果		
		优秀	良好	合格
活动情况	参与态度	主动积极参加课程实践活动	能参加课程实践活动	能在老师或同学的帮助下完成各课程活动的任务
	写作能力	事例新颖，叙事完整生动，语句通畅优美	事例较新颖，叙事较完整生动，语句较通畅，有好词好句	事例陈旧，叙事不够完整具体，语句不够通顺

（二）作文集编辑展示评价法

1. 利用小主人园地展示优秀作文，增强善写作的学生的自豪感，促使以后更有信心写得好上加好。

2. 用展板形式展示优秀作文，放在教室里，让学生有空经常去看看读读，吸取别人写作上的长处，弥补自己的不足。

（开发者：张彩萍）

课程6-5　数学小百科

适合年级 四年级

课程背景

数学是一种工具和技术,它与社会实践、自然现象紧密相联。数学不再是课本中的加减乘除。它可以打开学生的视野,穿越实践的隧道,把过去、现在、将来的有关知识浓缩在一起,供学生采集,与学生分享人类的文化精神财富。《数学小百科:课本上学不到的数学》不仅限于获得数学知识,更为了开发智慧潜能。根据小学阶段学生的特点和心理,制定优化、合理高效的课程计划,是传统数学有益的补充和延伸,以开放性、创造性的思维模式激发学生学习数学的兴趣,满足他们升学、考核、思维开发等不同层次的需要。

本课程注重动手实践,即做并体验看得见的数学精彩。在多元化的数学校本活动中,我们倡导的动手实践主要是指课外和课内的一些实践活动,让学生在课堂上自由大胆地表现出好奇心、挑战心、想象力、动手能力等,才会使学生的思想无拘无束,创新灵感凸显。并以此促进学生的学习兴趣,提升学生的活动能力,扩展学生的视野。

本课程理念:数学活动课可以培养学生的创造性思维和建构能力,具有优越的发展功能,还可以促进学生的转换思想,提高学生的算法能力,具有显著的激励功能。通过数学活动课可以让学生发现数学、欣赏数学和学习数学,达到"人人学有用的数学,不同的人学不同的数学"的目的,让学生在获取知识的同时提高综合能力。

课程目标

1. 能在接触各种类型的数学题的基础上,将学到的知识融会贯通,灵活运用。
2. 通过解答比平时学习难得多的数学题,养成克服困难,解决困难的精神和能力。体会到攻克难题后的喜悦和成就感,对数学产生兴趣。
3. 学会分析问题,解决问题,逐渐养成创造性思维方法和创造性思维品质。

课程内容

本课程围绕"课本上学不到"之趣味数学这个中心议题,包含 12 个探究主题,具体内容如下:

主题一:古老的计算工具

指尖上的文化;林林总总的算盘;拨起手中的算盘。

主题二:大数与 Google

生活中的大数;天文学中的大数;1 后面有 100 个 0。

主题三:无处不在的角和弧

生活中的角;生活中的弧;环幕电影。

主题四:活动 1——做个小小统计员

完成统计表,条形统计图,折线统计图。

主题五:奇妙的四边形家族

规则四边形;不规则四边形。

主题六:学会合理安排

运筹帷幄;《孙子兵法》;囚徒的困境。

主题七:向数学王子学巧算

1 + 2 + 3 + …… + 100 = ?;成语故事与巧算;五花八门的巧算方法。

主题八:活动 2——比眼力

第一回合小试牛刀;第二回合乘胜追击;第三回合火眼金睛。

主题九:近似数面面观

揭开近似数的面纱;近似数大变身;近似数的精确度。

主题十:三角形趣谈

三角形的稳定性;建筑中的三角形;星座中的三角形。

主题十一:神奇的万花筒

小天地里的大世界;看我 72 变;图形艺术家——埃舍尔。

主题十二:活动 3——做回小账房先生

参与聪聪家装修费用的计算。

第六章　课程即文化相遇

课程实施

本课程共计12课时，教学采用自编教材、互联网、多媒体课件、音像资料等。主要面向四年级对数学学习有兴趣的学生，以年级为单位开展教学活动。在课程实施过程中，我们采用如下方法推进：

（一）活动多样化

小学生的专注力是比较短暂的，兴趣的持续度也是很多变的，单一形式的学习方式对小学生来说是不够的，所以在教学中要设计多样化的活动方式，在说一说、看一看、摸一摸、画一画、晒一晒等多样化的活动形式中学习，才能使学生始终参与学习。

（二）活动趣味化

好玩是每个孩子的天性，依据这个特点，可以在教学中穿插多种游戏形式，把被动学习变为主动参与，使学生在游戏中获得知识。

（三）活动实践化

实践出真知。光看光听对小学生来说是不够的，动手实践是小学生学习的最有效途径之一。将活动设计成可动手、参与性强的实践活动，对于小学生来说，比坐在教室里照本宣科来得有效得多，学生也乐于接受。

课程评价

评价时可以关注以下内容：在每次教学过程中，根据学生在活动中参与的态度和在活动中的表现采取互评、小组评价及教师评价等方式。既可以由学生自我评价，觉得自己对这种学习是否有兴趣，有没有一种成就感；可以学生互评，其实也就是一个学生合作学习的过程；还可以由家长来评价，评价自己子女的表现、评价训练的方式、方法和取得的成绩；当然教师对学生的评价是至关重要的，辅导教师可以通过考勤、考核、课内外的表现、学习的兴趣，多层次多方位地给予评价。

及时评价：根据每节课学生的表现，每节课评出5个班级小明星。

比赛性评价：精心设计丰富多彩的比赛项目，让学生快乐参与其中。

表现性评价：根据学生学习课程的表现，最终每班评出一位学习小能手。

表1　教师评价标准表

分类	评价内容	评价结果 ★★★	评价结果 ★★	评价结果 ★
活动情况	参与态度	主动积极参加课程实践活动	能参加课程实践活动	能在老师或同学的帮助下完成各课程活动的任务
活动成果	小小统计员	具有较强的实践动手能力，能在老师指导下独立完成作业	具有一定的实践动手能力，能在老师或同学的帮助下基本独立的完成作业	能在老师或同学的帮助下完成作业，并在学习过程中养成实践动手能力

表2　学生自评及互评标准表

评价内容 \ 评价方式	自我评价	小组评价	教师评价
参与态度			
交流合作能力			
活动成果展示			

备注：表现优秀3颗★，表现良好2颗★，表现合格1颗★。

（开发者：邵娟）

课程6-6　趣味数学

适合年级　四、五年级

课程背景

教材并非是唯一的课程资源,课程资源的概念是非常丰富的,因此我们要走出课堂走出课本,从课堂延伸,引领学生体验和实践在生活中的数学。为学生搭建一个广阔的实践舞台,为学生指明数学学习的另一条通向"罗马"的大道,这也是发挥教师和学生创造性的一个巨大空间。如:学习了年月日的知识后,我们进行了《制作年历送老师》和《我是小主编》的校本活动,学生自己动手设计制作了年历卡,不仅巩固了年月日知识,也知道了年历的编排和星期的紧密联系。

课堂变脸,带领学生进入数学新时空。数学活动课,是常规课堂外的课堂。新课程《标准》明确指出:"数学教学活动必须建立在学生的认知发展水平与已有的知识经验基础上。"教师应激发学生学习的积极性,向学生提供充分从事数学活动的机会,帮助他们在自主探究合作交流的过程中,真正理解和掌握基本的数学知识与技能、数学思想和方法,获得广泛的数学活动经验。数学活动课一是要让学生喜欢,让学生在轻松自然的氛围中主动、积极地学习;二是要活跃思维,让学生通过活动涉及更多的知识,展开数学思维的翅膀,发展智能并培养创造力;三是让学生动口动手动脑,通过感受、实践获得直接经验。

本课程理念:促进学生的学习兴趣,提升学生的活动能力,扩展学生的视野。

课程目标

1. 能将学到的知识融会贯通,灵活运用。
2. 能克服困难,解决困难的能力有所提高。
3. 通过学习,能有攻克难题后的喜悦和成就感。
4. 通过数学实验,特长能够得到发挥,分析问题、解决问题的能力有所提高。

课程内容

本课程以"课本上学不到"之趣味数学课程为中心议题,分为四个板块,共计十一讲。具体内容如下:

第一板块:硬币和指针(3课时)

第一讲:硬币和指针1

本主题的内容是学生通过小组讨论学习,了解实验的器材和基本步骤。

第二讲:硬币和指针2

本主题的内容是学生小组讨论设计实验表格,并展示讲解。

第三讲:硬币和指针3

本主题的内容是学生根据设计的实验步骤,完成实验,并填写表格,猜测结论。

第二板块:挑战数字方格(3课时)

第四讲:挑战数字方格1

本主题的内容是向学生介绍舒特尔方格的历史,规格和尺寸。

第五讲:挑战数字方格2

本主题的内容是向学生介绍舒特尔方格的训练方法,并让学生试着挑战。

第六讲:挑战数字方格3

本主题的内容是学生进行数字方格挑战赛。

第三板块:模型穿框(2课时)

第七讲:模型穿框1

本主题的内容是向学生介绍游戏规则,试着玩一玩。

第八讲:模型穿框2

本主题的内容是学生之间通过比一比,赛一赛,看谁的空间想象能力高。

第四板块:量杯的制作(3课时)

第九讲:量杯的制作1

本主题的内容是讲解量杯的用途,展示几种量杯。

第十讲:量杯的制作2

本主题的内容是学生设计量杯,写出所需要的材料。

第十一讲：量杯的制作 3

本主题的内容是学生根据教师的指导,完善量杯。

第十二讲：总结交流

课程实施

本课程共计 12 课时,教学采用自编教材、各种实验材料、互联网、多媒体课件、音像资料等。主要面向对实验探究活动有兴趣的学生。共 20 人,分为 5 组,每组 4 人。

（一）主题的确定与小组形成

根据学生的年龄特点和学情分析,选择适合这个年龄段且能够在合作与学习中通过集体的力量完成的这些实验研究活动。小组的形成中,根据学生的特性形成小组,在同一小组内应当是不同特性的学生。小组合作学习是一种内涵丰富,有利于学生主动参与的多样化的教学组织形式。有效的小组合作学习可以在小组成员间形成开放、包容的学习氛围,使小组成员间相互激励、相互促进;可以提高学生的学习效率;培养学生的合作精神;激励学生的学习兴趣;促进学生之间的共同进步。

（二）主题探究与过程指导

在学生探究实验的过程中,不应当是盲目的,教师应当全程给予适时的指导。为了让学生的小组合作学习开展得有序、有效,学生一定要有明确的学习任务,也就是教师要向学生说明学习的内容和目标、完成任务的方法,评价的标准等等。这些任务除了具有一定的合作价值外还可以分解,让小组中的每个成员共同参与,人人都有事可做！合作学习是学生的一种学习方式,同时也是教师教学的一种组织形式,学生的合作是否有效,同教师的参与和指导是分不开的。因此,在学生开展合作学习的时候,教师不应"袖手旁观",更不能做下一环节的准备工作,而应当从讲台上走到学生中间去,在组间巡视,对各个小组的合作进行观察和介入,对各小组合作的情况做到心中有数！同时,教师还应针对学生合作中出现的各种问题进行及时、有效的指导,帮助学生提高合作技巧,顺利完成学习任务。比如：对不清楚任务的小组说明操作程序;对开展得很顺利的小组予以及时的表扬;对合作交流中偏离主题或遇到困难的小组提供及时的点拨；对完成任务的小组进行检查；对小组成员的各司其职进行监督等等。学生的小组合作学习有了教师的参与和指导，就能避免"短暂繁荣"和"华而不实"的无效合作场面的出现，学生的合作才更得法，交流才更有效！

(三) 实践操作法

实践操作的行为能力是为学生学到数学知识而服务的，实践操作也是一种教学手段和方法。从人的大脑思维的角度来说，小学生经过自己动手操作实践，在大脑中容易留下深刻的记忆。在课堂中发挥学生动手操作的作用，既能充分发挥学生在课堂中的主体地位，又能充分调动学生学习的主动性和积极性，还能帮助学生理解数学知识，大幅度提高课堂效率。因此，在教学中利用小学生好动又好奇的心理特征，充分发挥学生的主动性、积极性、借助实践操作启发思维，让学生在实践操作的过程中，通过亲身感悟，不断优化实验的方式方法，在能力上得到提升。学生在自主探索的过程中形成自己对知识的理解，在与人合作交流中逐渐完善自己的想法，充分发挥小组合作学习的实效性！使学生从被动接受知识转化为主动获取知识。

课程评价

采用多种评价方式综合评价。

(一) 过程性评价（权重：50 点）

1. 表现性目标（权重：20 点）

等级描述：

A. 积极主动地了解任务要求，并尝试用学过的方法解决问题。

B. 被动地等待任务布置，明确任务后，能够尝试用学过的方法解决问题。

C. 游离于任务活动以外。

2. 结果性目标（权重：20 点）

等级描述：

A. 小组合作，有效地达到预期目标，实验成功，作品完美。

B. 小组合作，与预期目标相差不远，实验基本成功，能出作品。

C. 小组合作,与预期目标相差甚远,实验失败,作品失败。

3. 体验性目标(权重: 10 点)

等级描述:

A. 课前准备好,坐姿端正、听讲认真、观察仔细。

B. 课前准备好,听讲较认真,观察较仔细。

C. 课前准备不全,听讲不认真。

(二) 终结性评价(权重: 50 点)

等级描述:

A. 小组合作,人人参与,共同完成实验,过程清晰。

B. 小组合作,人人参与,共同完成实验,过程有波折。

C. 大部分组员参与,能完成实验。

(三) 综合评定

成绩 = 过程性评价(学生个人表现、组长评价) + 终结性评价(学生实验作品)

(开发者: 苏丽)

后　记

在全体教师的共同努力下,几经修改,《小脚丫课程:生命眷恋与文化情愫》一书终于和大家见面了!

本书收入了我校教师开发的一部分课程,每一门课程都经历了实践——评估——开发的过程。当初落笔撰写时,教师们都觉得课程很高深,是一项根本无法完成的任务。之后通过专家的引领和指导慢慢意识到学校之前已经开设的选修课、活动课等就是所谓的校本课程,只是我们对校本课程开发处于无意识状态罢了。于是,教师们通过实践探索,先对选择的校本课程的情景进行分析,再对学生的需求做出评估、确定目标、选择与组织相关内容,确定实施与评价的方式,最后开发出开放的、多种多样的、具有学校特色的校本课程。

本书的出版,首先要感谢上海市教育科学研究院杨四耕老师。杨老师是我们的老朋友,多年来,他始终关注学校发展,不遗余力地支持学校变革。他认为,课程＝"课"＋"程"。有愿景、有理念、有目标、有内容、有实施、有评价,才是课程。他指出,课程建设需要聚焦并影响学生终身发展,需要克服碎片化、拼盘化、大杂烩的弊端,更需要教师有自己的教育哲学和教学主张来引领课程改革和课堂变革。

本书凝聚着苏莉萍、金小芳、张洁、严冬梅、章丽艳、顾豪利、归丽燕等编委的心血。要感谢全体教师共同参与课程开发,教师参与课程的目的是使学校课程更加适合学生的需要,促进学生最大程度地发展;同时,在课程开发的实践过程中能促进自身的专业发展。教师既是教学的实践者,又是课程的开发者和研究者,因而大大增强了行动研究的意识和能力。教师参与课程开发不仅仅是编制出一系列的课程文本,更重要的是参与课程开发过程本身。

真诚地希望本书能为每个学生的发展创设环境、搭建舞台,能对学生的不同兴趣、个性和特长的发挥有所帮助,能让教师的课程知识得到积累,课程开发能力得到提高。

此外,还要感谢华东师范大学出版社的厚爱与支持,是他们让我们开发的课

后　记

程得以分享！

　　囿于我们的理论和能力水平，本书难免有不当之处，恳请各位领导、专家、同仁指正！

编者

2018.8.26

学校课程深度变革丛书

进入学科深处的六个秘密	978-7-5675-5810-6	28.00	2016年12月
新美课程:演绎生命之诗	978-7-5675-7552-3	48.00	2018年5月
跨界学习:学校课程变革的新取向	978-7-5675-7612-4	34.00	2018年6月
以学习为中心的课程实施	978-7-5675-7817-3	48.00	2018年8月
聚焦学习的课程评估:L-ADDER课程评估工具与应用	978-7-5675-7919-4	40.00	2018年11月
学科核心素养与学科课程群	978-7-5675-8339-9	48.00	2019年1月
大风车课程:童趣与想象	978-7-5675-8674-1	38.00	2019年3月
蒲公英课程：综合实践活动课程的校本创意与深度	978-7-5675-8673-4	52.00	2019年3月
MY课程:叩响儿童心灵	978-7-5675-7974-3	39.00	2018年10月
课程实施的10种模式	978-7-5675-8328-3	45.00	2019年1月
聚焦式课程变革:制度设计与深度推进	978-7-5675-8846-2	36.00	2019年4月
以素养为核心的学科课程图谱	978-7-5675-9041-0	58.00	2019年4月
全经验课程:在地文化与实践演绎	978-7-5675-8957-5	54.00	2019年6月

课堂教学转型丛书

上一堂灵魂渗着香的课	978-7-5675-3675-3	36.00	2015年8月
把课堂打造成梦的样子	978-7-5675-3645-6	26.00	2015年8月
整个世界都是教室	978-7-5675-5007-0	22.00	2016年6月
寻找课堂教学的文化基因	978-7-5675-5005-6	22.00	2016年5月
课堂是一种态度	978-7-5675-3871-9	28.00	2015年10月
给孩子最美好的东西	978-7-5675-4200-6	30.00	2015年11月

把每一个孩子深深吸引	978-7-5675-4150-4	24.00	2016年1月
每一间教室都有梦	978-7-5675-4029-3	30.00	2015年10月
课堂,可以春暖花开	978-7-5675-3676-0	24.00	2015年10月
课堂,与美相遇的地方	978-7-5675-5836-6	24.00	2017年1月
赴一场思想的盛宴	978-7-5675-5838-0	28.00	2017年1月
突破平面学习:神奇的"南苑学习单"	978-7-5675-5825-0	29.00	2017年1月
让学习看得见:"226"教改实验研究	978-7-5675-6214-1	32.00	2017年4月
每一种意见都很重要:"责任课堂"的维度与操作			
	978-7-5675-6216-5	30.00	2017年4月

品质课程丛书

活跃的课程图景	978-7-5675-6941-6	42.00	2017年11月
课程情愫:学校课程发展的另类维度	978-7-5675-7014-6	42.00	2017年11月
突破大杂烩:有逻辑的学校课程变革	978-7-5675-6998-0	52.00	2017年11月
课程群:学习的深度聚焦	978-7-5675-6981-2	45.00	2017年11月
嵌入式课程:特色课程的路径和方略	978-7-5675-6947-8	42.00	2017年11月

课堂教学新样态

一百个孩子,一百个世界:基于差异的教学变革			
	978-7-5675-6810-5	32.00	2017年10月
让课堂洋溢生命感:L-O-V-E教学法的精彩演绎			
	978-7-5675-6977-5	32.00	2017年11月
课堂如诗:"雅美课堂"的姿态	978-7-5675-7219-5	36.00	2018年3月
近处无教育	978-7-5675-7536-3	32.00	2018年3月
课堂,与美最近的距离	978-7-5675-7486-1	32.00	2018年4月

课堂,涵养生命的园圃	978-7-5675-7535-6	36.00	2018年6月
协同教学:意蕴与智慧	978-7-5675-8163-0	42.00	2018年9月
课堂不是一个盒子	978-7-5675-8004-6	38.00	2019年1月
在教室里眺望世界:基于BYOD的教学方式变革	978-7-5675-8247-7	48.00	2019年3月

特色学校聚集丛书

每一个孩子都是一棵树	978-7-5675-6978-2	28.00	2018年1月
教育不是一个人的事:"众教育"36条	978-7-5675-7649-0	32.00	2018年8月
不一样的生命,一样的精彩	978-7-5675-8675-8	34.00	2019年3月

华东师范大学出版社
天猫旗舰店

华东师范大学出版社
官方微信

门市邮购电话:021-6286 9887 6173 0308
淘宝商城旗舰店:http://hdsdcbs.tmall.com
微信:华东师范大学出版社(ecnupress)
电子书目下载地址:www.ecnupress.com.cn

图书在版编目(CIP)数据

小脚丫课程:生命眷恋与文化情愫/苏莉萍主编.—上海:华东师范大学出版社,2019
(学校课程深度变革丛书)
ISBN 978-7-5675-8845-5

Ⅰ.①小… Ⅱ.①苏… Ⅲ.①小学-课程建设-研究 Ⅳ.①G622.3

中国版本图书馆 CIP 数据核字(2019)第 108505 号

学校课程深度变革丛书
小脚丫课程
生命眷恋与文化情愫

丛书主编　杨四耕
主　　编　苏莉萍
责任编辑　刘　佳
特约审读　薛　莹
责任校对　林文君
装帧设计　卢晓红

出版发行　华东师范大学出版社
社　　址　上海市中山北路3663号　邮编 200062
网　　址　www.ecnupress.com.cn
电　　话　021-60821666　行政传真 021-62572105
客服电话　021-62865537　门市(邮购)电话 021-62869887
地　　址　上海市中山北路3663号华东师范大学校内先锋路口
网　　店　http://hdsdcbs.tmall.com

印 刷 者　上海锦佳印刷有限公司
开　　本　787×1092　16开
印　　张　15.25
字　　数　239千字
版　　次　2019年7月第1版
印　　次　2019年7月第1次
书　　号　ISBN 978-7-5675-8845-5
定　　价　46.00元

出版人　王　焰

(如发现本版图书有印订质量问题,请寄回本社客服中心调换或电话 021-62865537 联系)